JN124384

改訂9版

労災保険 給付基礎日額 の手引

労働調査会　編

労働調査会

はしがき

　労災保険制度は、業務上の事由、複数事業労働者の二以上の事業の業務を要因とする事由又は通勤による労働者の負傷、疾病、死亡等に対して迅速かつ公平な保護をするため、必要な保険給付を行うとともに、あわせて、労働者の社会復帰の促進、当該労働者及びその遺族の援護等を図ることにより、労働者の福祉の増進に寄与することを目的としています。

　労災保険制度の中で、被災者保護の中心的役割を果たしているのが保険給付であり、労働者やその遺族の生活に直接かかわる重要な柱ということができます。そして、その保険給付の額の算定をする場合の基礎となるのが「給付基礎日額」（労働者災害補償保険法第8条）であり、実務担当者が迅速かつ正確に算定しなければならないものです。

　昭和40年8月の法改正以前においては、現金給付はすべて被災労働者の平均賃金を基礎としてその額を算定することとなっていましたが、労働基準法に定める平均賃金をそのまま用いることが適当でないと認められる場合もあるので、平均賃金によることを原則としつつも、独自の概念として「給付基礎日額」を設け、さらに、賃金変動率を加味し、年齢階層別の最低限度、最高限度を考慮するものとなっています。

　本書は、複雑な給付基礎日額制度を理解しやすくするため、法令や通達及び行政解釈について丁寧な解説をするとともに該当項目をただちに探せるよう整理しました。

　さらに、本書の最大の特長は、給付基礎日額の計算事例をふんだんに掲載することにより、数多くの事案に即時に対応できるよう工夫されており、実務担当者に理解を深めていただくとともに、職場においても大いに役立たせていただけるように努めて作成したものです。

　本書が広く活用され、円滑な事務処理に役立つ一助となれば幸いです。

　令和5年3月

編　　者

目　　次

はしがき

給付基礎日額の計算事例

┌─ **本書では** ─
│　「労働者災害補償保険法」を「労災保険法」と、「労働者災害補償保険法
│　施行規則」を「労災則」と表記しています。
└

給付基礎日額とその算定方法の解説

第1 給付基礎日額の解説

1 労災保険の目的

　労災保険は、業務上の事由、事業主が同一人でない二以上の事業に使用される労働者（以下「複数事業労働者」という。）の二以上の事業の業務を要因とする事由又は通勤による労働者の負傷、疾病、障害又は死亡等に対して迅速かつ公正な保護をするため、使用者の費用負担によって労働者や遺族のために必要な保険給付を行うほか、社会復帰促進等事業として、被災労働者の社会復帰の促進など労働者の福祉の増進に寄与することを制度の目的としています（労災保険法第１条、第２条の２）。

　健康保険が業務外の事由による傷病について一定の医療を行い、厚生年金保険が老齢や障害又は死亡した場合に、それらの労働者や遺族のために、一定の所得を保護することによってその生活を守ろうとしているのに対し、労災保険は、業務災害、複数業務要因災害又は通勤災害による稼得能力の損失を回復又はてん補することによって労働者とその家族の生活を守ろうとしているものといえます。

　労働者の業務災害については、使用者は労働基準法第８章の規定によって、必要な災害補償を行うべきことが義務づけられていますが、これは、個別使用者の責任にとどまっているため、十分な災害補償の効果を上げ得ない場合があります。そのため災害補償責任を負う使用者が集合して、団体的な責任において災害補償を行うことができるよう労災保険制度が設けられました。この意味で労災保険は、労働基準法の使用者の災害補償責任の責任保険として発足しました。

　その後の改正により、給付の年金化、給付水準の引上げ、特別加入制度や通勤災害保護制度など適用範囲の拡大*、労災病院やリハビリテーション施設の設置など社会復帰促進等事業の実施及び複数業務要因災害への労災保険給付が新設（令和２年９月１日施行）されるなど、労災保険制度は大きく発展してきています。

＊　近年、特別加入制度の適用対象として追加された者としては、柔道整復師、芸能関係作業従事者、アニメーション制作作業従事者〔令和３年厚生労働省令第11号〕、創業支援等措置に基づき事業を行う者〔同第44号〕、自転車を運転して貨物自動車事業

を行う者、ITフリーランス（情報処理システムの設計等に係る作業に従事する者）〔同第123号〕、あん摩マッサージ指圧師、はり師、きゅう師〔令和4年同省令第35号〕、歯科技工士〔同第87号〕などが挙げられます。

2 給付基礎日額の意義

労災保険は、業務災害、複数業務要因災害又は通勤災害による稼得能力の損失を回復・てん補することを直接の目的としています。この場合、現金給付の額は被災労働者の稼得能力の大きさを基準として定められますが、その現金給付の算定の基礎となるのが給付基礎日額であり、それは同時に給付基礎年額の算定にも用いられます。

給付基礎日額は保険給付の算定基礎として平均賃金によることを原則としていますが、平均賃金をそのまま用いると不合理となる場合には、独自の概念としての給付基礎日額を用いることによって、保険給付の算定基礎が実情に合うようにされ、災害補償として実効を上げ得るように配慮しているものです。

3 保険給付と給付基礎日額

労災保険では、労働者が業務災害、複数業務要因災害又は通勤災害によって死亡し又は負傷もしくは疾病にかかった場合、「療養補償給付、複数事業労働者療養給付又は療養給付」、「介護補償給付、複数事業労働者介護給付又は介護給付」を除く他の保険給付の額は、「給付基礎日額」をもとに算定することになっています。

❶ 休業補償給付、複数事業労働者休業給付又は休業給付

業務災害、複数業務要因災害又は通勤災害による傷病に係る療養のため労働することができず賃金を受けないとき、その第4日目以降について、休業1日につき給付基礎日額の60％に相当する額が支給されます。

❷ 障害補償給付、複数事業労働者障害給付又は障害給付

業務災害、複数業務要因災害又は通勤災害による傷病が治った後に、身体に障害が残ったときは障害の程度に応じて、障害等級第1級から第7級までに対しては給付基礎日額の313日分ないし131日分が年金として、また障害等級第8級から第14級までに対しては給付基礎日額の503日分ないし56日分が一時金として支給されます。

▶▶ 図表1　保険給付の種類

業……業務災害に係る給付　　複……複数業務要因災害に係る給付　　通……通勤災害に係る給付

保険給付			給付を受けられる場合	給付の内容
療養	業	療養補償給付	療養が必要なとき	①労災保険指定医療機関等で治療等を現物給付として受けられる（療養の給付）。 ②労災保険指定医療機関等以外でかかった治療費等の費用の支給が受けられる（療養の費用の支給）。
	複	複数事業労働者療養給付		
	通	療養給付		
休業	業	休業補償給付	傷病の療養のため労働することができず、賃金を受けられないとき	休業開始4日目以降、賃金を受けなかった日について**給付基礎日額**の60%が支給される。
	複	複数事業労働者休業給付		
	通	休業給付		
傷病	業	傷病補償年金	療養開始後1年6カ月経っても治らないとき	傷病等級（1〜3級）に応じ、**給付基礎日額**の313日分〜245日分が年金で支給される。
	複	複数事業労働者傷病年金		
	通	傷病年金		
障害	業	障害補償給付	傷病が治ゆ（症状固定）して身体障害が残ったとき	①障害等級1〜7級に該当する場合は、**給付基礎日額**の313日分〜131日分が年金で支給される。 ②障害等級8〜14級に該当する場合は、**給付基礎日額**の503日分〜56日分が一時金で支給される。
	複	複数事業労働者障害給付		
	通	障害給付		
介護	業	介護補償給付	障害（補償）等年金又は傷病（補償）等年金の一定の障害により、現に介護を受けているとき（※）	介護費用としてかかった費用分が支給される（上限・下限額あり）。
	複	複数事業労働者介護給付		
	通	介護給付		
遺族	業	遺族補償給付	死亡したとき	受給権者及び受給権者と生計を同じくしている遺族の合計人数に応じ、原則として**給付基礎日額**の153日分〜245日分が年金で支給される。
	複	複数事業労働者遺族給付		
	通	遺族給付		
葬祭	業	葬祭料	死亡したとき	原則として、**給付基礎日額**の30日分＋315,000円が支給される。 （**給付基礎日額**の60日分を最低保障）
	複	複数事業労働者葬祭給付		
	通	葬祭給付		

保険給付	給付を受けられる場合	給付の内容
二次健康診断等給付	定期健康診断等の結果、脳・心臓疾患に関連する一定の項目に異常の所見が認められるとき	二次健康診断及び特定保健指導を無料で受けられる。

※障害（補償）等年金……障害補償年金、複数事業労働者障害年金、障害年金
※傷病（補償）等年金……傷病補償年金、複数事業労働者傷病年金、傷病年金

❸ 遺族補償給付、複数事業労働者遺族給付又は遺族給付

　業務災害、複数業務要因災害又は通勤災害により死亡した場合、遺族の数に応じて給付基礎日額の153日〜245日分の年金が支給されます。また、年金を受ける遺族がないなどの場合には、給付基礎日額の1,000日分の一時金が支給されます。

❹ 葬祭料、複数事業労働者葬祭給付又は葬祭給付

　通常葬祭に要する費用を考慮して厚生労働大臣が定めた額（31.5万円に給付基礎日額の30日分を加えた額、その額が給付基礎日額の60日分に満たない場合には給付基礎日額の60日分）が葬祭を行う者に対して支給されます。

❺ 傷病補償年金、複数事業労働者傷病年金又は傷病年金

　業務災害、複数業務要因災害又は通勤災害による傷病が療養開始後1年6カ月を経過しても治らず、かつ、傷病による障害の程度が厚生労働省令が定める傷病等級に該当するときは、障害の程度に応じて、傷病等級第1級から第3級までに、給付基礎日額の313日分ないし245日分の年金が支給されます。

4 特別加入者の給付基礎日額

　労災保険の本来の目的は、労働者の業務災害、複数業務要因災害又は通勤災害についての補償を行うことにありますが、労働基準法上の労働者とはされない中小事業主、自営業者、家族従事者の中でも、その業務の実態、災害発生状況からみて、労働者に準じて労災保険による保護を必要とする対象について、一定の範囲内で、労災保険の利用を認めようとするのが特別加入制度です。

　特別加入者には、労働者のように給付基礎日額の算定基礎になる賃金がないため、給付基礎日額は厚生労働大臣が当該事業に使用される労働者の賃金の額その他の事情を考慮して決めることとされており、具体的には、25,000円、24,000円、22,000円、20,000円、18,000円、16,000円、14,000円、12,000円、10,000円、9,000円、8,000円、7,000円、6,000円、5,000円、4,000円、3,500円（以上のほか家内労働者には3,000円、2,500円、2,000円も認められる）のうち、特別加入しようとする者の希望を聞いて、都道府県労働局長が定めるものとされています。

5 | 給付基礎日額の算定方法

労災保険の給付基礎日額は、原則として、労働基準法第12条の平均賃金に相当する額とされています（労災保険法第8条第1項）。しかし、平均賃金に相当する額を給付基礎日額とすることが「適当でないと認められるとき」は、「厚生労働省令で定めるところによつて政府が算定する額を給付基礎日額とする。」（労災保険法第8条第2項）とされています。

厚生労働省令で定めている特例措置 （労災則第9条）

(1) 業務外の傷病の療養のため休業した場合 （労災則第9条第1項第1号）

平均賃金の算定基礎期間中に、通勤災害その他の業務外の事由による傷病の療養のため休業した期間が含まれている場合には、その休業した期間及びその期間中に受けた賃金の額を平均賃金の算定基礎期間及びその期間中の賃金の額から控除して算定した平均賃金に相当する額を給付基礎日額とします。ただし、この方法により算定した給付基礎日額が原則どおり労働基準法の平均賃金を求める方法によって計算した額より下回る場合には、後者の額を給付基礎日額とします。

これは、通勤災害や私傷病の療養のため休業した期間が算定期間に含まれている場合に原則どおり計算すると、健常時の賃金に比べて低くなることがあるので、これについての特例措置です。

(2) じん肺患者の場合 （労災則第9条第1項第2号）

じん肺患者については、一般の場合と同じく、医師の診断によってじん肺にかかったことが確定した日の直前3カ月間の賃金総額をその期間の総日数で割って算定した平均賃金相当額と、じん肺にかかったため粉じん作業以外の作業に転換した日の直前3カ月間の賃金をもとにして算定した平均賃金相当額とを比較して、高いほうを給付基礎日額とします。

じん肺患者は、症状の悪化を防止するため粉じん作業以外の作業への作業転換が行われますが、転換後に療養を必要とするようになった場合には、そのときの賃金が転換前の賃金に比べて低くなることがあるので、この救済を目的としたものです。

(3) 船員法第1条に規定する船員の場合 （労災則第9条第1項第3号）

平成22年1月1日から船員保険の職務上疾病・年金部門と労災保険が統合された

ことに伴い、平成22年1月1日以降の仕事又は通勤による怪我又は病気の補償は、労災保険から給付されることになりました。労災保険給付に係る給付基礎日額の算定方法については、次の場合を除き通常の労働者の場合と同様です。

　次のいずれかに該当する場合には、労働基準法第12条第1項から第6項までの規定に定める方式により、平均賃金を算定すべき事由の発生した日以前1年間について算定することとした場合における平均賃金に相当する額を給付基礎日額とする特例を設けています。

①　1年を通じて船員法第1条に規定する船員として船舶所有者（船員保険法第3条に規定する場合にあっては、同条の規定により船舶所有者とされる者）に使用される者について、基本となるべき固定給の額が乗船中において乗船本給として増加する等により変動がある賃金が定められている場合（労災則第9条第1項第3号）

②　1年を通じて船員法第1条に規定する船員として船舶所有者に使用される者について、基本となるべき固定給が下船することによりてい減する賃金を受ける場合及び基本となるべき固定給が乗下船にかかわらず一定であり、乗船することにより変動する諸手当を受ける場合（労災則第9条第1項第4号）

　運用上の留意点として、上記①、②の取り扱いは、契約上1年を通じて船員法第1条に規定する船員として船舶所有者に使用される者に限られるため、1年未満の期間を定める契約に基づいて使用される者の給付基礎日額の算定方法は、通常の労働者の場合と同様であること及び上記①、②に該当する者については、平均賃金を算定すべき事由の発生した日以前1年間について算定することとしているが、雇入れ後1年に満たない者については、雇入れ後の期間について算定するものであることとしています。　　　　　　　　　（平21.12.28　基発1228第2号）

⑷　その他（労災則第9条第1項第4号）

　これらの厚生労働省令で定めるもののほか、平均賃金相当額を給付基礎日額とすることが適当でないと認められるときは、厚生労働省労働基準局長が定める基準により算定した額を給付基礎日額とします。

　この特例措置により、平均賃金の算定基礎期間中に、親族の疾病又は負傷等の看護のため休業した期間が含まれている場合には、⑴に準じた取扱いがされています。

　また、振動障害にかかったことにより保険給付を受けることとなった労働者の平均賃金に相当する額が、振動業務以外の業務に常時従事することとなった日を平均賃金を算定すべき事由の発生した日とみなして算定することとした場合における平

均賃金に相当する額に満たない場合には、その算定することとした場合における平均賃金に相当する額を給付基礎日額とします（昭57.4.1　基発第219号）。

⑸　**平均賃金相当額が自動変更対象額に満たない場合**（労災則第9条第1項第5号）

　　平均賃金に相当する額又は⑴から⑷までの方法により算定した額（以下「平均賃金相当額」という。）が自動変更対象額に満たない場合には、給付基礎日額は一律に自動変更対象額となります。この自動変更対象額とは、給付基礎日額の最低保障額であり、最低限度の給付水準を保障する必要があることからとられています。

　　なお、給付基礎日額がスライドされることとなる場合については、平均賃金相当額に通算スライド率を乗じた額が自動変更対象額以上であるときは、給付基礎日額は平均賃金相当額を用い、平均賃金相当額に通算スライド率を乗じた額が自動変更対象額未満であるときは、スライド後の給付基礎日額が自動変更対象額となるよう給付基礎日額は自動変更対象額を通算スライド率で除して得た額を用います。

▶▶ **図表2　自動変更対象額の推移**

昭和43年3月31日まで	380円	平成16年8月1日より	4,160円
昭和43年4月1日より	480円	平成17年8月1日より	4,100円
昭和45年4月1日より	770円	平成18年8月1日より	4,120円
昭和47年4月1日より	1,000円	平成19年8月1日より	4,100円
昭和49年4月1日より	1,380円	平成20年8月1日より	4,080円
昭和50年4月1日より	1,800円	平成21年8月1日より	4,060円
昭和52年6月1日より	2,185円	平成22年8月1日より	3,970円
昭和55年4月1日より	2,670円	平成23年8月1日より	3,980円
昭和59年8月1日より	3,210円	平成24年8月1日より	3,970円
平成3年10月1日より	3,960円	平成25年8月1日より	3,940円
平成7年8月1日より	4,180円	平成26年8月1日より	3,940円
平成8年8月1日より	4,240円	平成27年8月1日より	3,940円
平成9年8月1日より	4,290円	平成28年8月1日より	3,920円
平成10年8月1日より	4,330円	平成29年8月1日より	3,930円
平成11年8月1日より	4,290円	平成30年8月1日より	3,950円
平成12年8月1日より	4,230円	令和元年8月1日より	3,970円
平成13年8月1日より	4,250円	令和3年8月1日より	3,940円
平成14年8月1日より	4,210円	令和4年8月1日より	3,970円
平成15年8月1日より	4,180円		

（令4.7.29　厚生労働省告示第241号）

※平成17年8月1日以降は、毎月勤労統計調査の不適切な取扱いに関し改正されたもの。
※令和2年度は変更ありません。

6 給付種類別の給付基礎日額

　給付基礎日額は、前記 5 の算定により、基本となる順が求められます。しかし、実際に保険給付の額を算定するに当たって用いる給付基礎日額は、この基本となる額にスライドが行われ、また、引下げ又は引上げが行われる場合があります。これらの措置は、保険給付の種類ごとに多少異なりますので、以下給付種類別に説明します。

❶ 休業給付基礎日額

⑴　休業給付基礎日額のスライド

　休業補償給付、複数事業労働者休業給付又は休業給付の額の算定の基礎として用いる給付基礎日額（以下「休業給付基礎日額」という。）のスライドについては、平均給与額〔厚生労働省で作成している「毎月勤労統計」における「毎月きまって支給する給与」の労働者1人当たり1カ月平均給与額〕が、算定事由発生日の属する四半期（以前にスライドされている場合にあっては、当該スライド改定時の四半期の前々四半期）における平均給与額の10%を超えて上下した場合に、その比率を基準として厚生労働大臣が定める率を給付基礎日額（以前にスライドされている場合にあっては、当該スライド後の額）に乗じた額が休業給付基礎日額となります。このスライド率は、改定される四半期ごとに官報で告示されます。スライドにより、実際に給付基礎日額が改定されるのは、平均給与額が10%を超えて上下した四半期の翌々四半期からです。

　こうして改定された休業給付基礎日額についても、その後さらに改定の基礎となった四半期と比較して平均給与額が10%を超えて変動した場合には、同じ方法によってスライドが行われ、それが繰り返されます。

⑵　休業給付基礎日額の年齢階層別の最低限度額及び最高限度額

　療養を始めてから1年6カ月を経過した被災労働者に支給する休業補償給付、複数事業労働者休業給付又は休業給付に係る休業給付基礎日額については、我が国における一般的労働者の年齢階層別の賃金構造の実態等に基づき（具体的には、厚生労働省において作成する「賃金構造基本統計調査（指定統計第94号）」の1月当たりのきまって支給する現金給与額の年齢階層別の第1・20分位数及び第19・20分位数を基礎とし、労働者の年齢階層別の就業状態その他の事情を考慮して定めるものとされています。）、年齢階層別の最低限度額及び最高限度額が定められています。

この年齢階層別の最低限度額及び最高限度額は、休業補償給付及び休業給付については支給が長期化する場合があり、被災労働者の稼得能力の適正な評価及びこれに基づいた補償の実施という労災保険制度の趣旨に照らして、被災時点における労働者の年齢差により生じる保険給付額の格差の是正を図る必要がでてきたことに加え、療養を始めてから１年６カ月を経過した被災労働者に支給される傷病補償年金や傷病年金には最高限度額が適用されるのに、かえって症状の軽い休業補償給付及び休業給付の受給者には最高限度額が適用されないという不均衡が顕在化してきたことから、平成２年の労災保険法の改正により、療養を始めてから、１年６カ月を経過した被災労働者に支給する休業補償給付及び休業給付に係る休業給付基礎日額についても、年金と同様の年齢階層別の最低限度額及び最高限度額が導入されています。

　この最低限度額及び最高限度額は、毎年、前年の賃金構造基本統計調査の結果に基づき、その年の８月から翌年の７月までの月分の休業給付基礎日額に適用されるもので、当該８月の属する年の７月31日までに官報に告示されます。

■「１年６箇月を経過した日」の特定

　「療養を開始した日から起算して１年６箇月を経過した日」（法第８条の２第２項）とは、療養開始日の属する月の翌月から起算して18カ月目の月において当該療養開始日に応当する日（応当する日がない場合には、当該18カ月目の月の末日の翌日）を意味します。

　例えば、令和２年10月３日に療養を開始した場合には、令和２年11月から起算して18カ月目の月である令和４年４月３日が「１年６箇月を経過した日」となり、令和２年10月31日に療養を開始した場合には、18カ月目の月である令和４年４月には31日に応当する日がないので、令和４年５月１日が「１年６箇月を経過した日」となります。

■ 被災労働者の年齢の計算

　年齢の計算については、四半期の初日における被災労働者の年齢をもって当該四半期の当該被災労働者の年齢とします。

■ スライド制との関係

　最低限度額及び最高限度額は、労働者の年齢階層別の賃金の実態に基づき毎年算定されるものであり、その額自体にすでに毎年の賃金水準の上昇分が反映されているものとなっています。このため、スライドされた休業給付基礎日額についても最低限度額及び最高限度額が適用されることとなります。

(3)　休業給付基礎日額の算定

　休業給付基礎日額の算定は、労災保険法第8条の2第1項の休業給付基礎日額（スライド制を適用すべき場合はスライド後の額）と被災労働者の年齢の属する年齢階層の最低限度額及び最高限度額とを大小比較して次表のように行います。

最低限度額≦法第8条の2第1項の休業給付基礎日額≦最高限度額のとき
　　　　　　　　　　…法第8条の2第1項の休業給付基礎日額

最低限度額＞法第8条の2第1項の休業給付基礎日額のとき…最低限度額

最高限度額＜法第8条の2第1項の休業給付基礎日額のとき…最高限度額

---

❷　年金給付基礎日額

(1)　年金給付基礎日額のスライド

　年金たる保険給付（傷病補償年金、障害補償年金、遺族補償年金、複数事業労働者傷病年金、複数事業労働者障害年金、複数事業労働者遺族年金、傷病年金、障害年金及び遺族年金）の額の算定の基礎として用いる給付基礎日額（以下「年金給付基礎日額」という。）のスライドについては、「毎月勤労統計」による労働者1人当たりの平均給与額と、算定事由発生日の属する年度（毎年4月から翌年3月まで）における平均給与額との比率を基準として厚生労働大臣が定める率をスライド前給付基礎日額に乗じた額が、算定事由発生日の属する年度の翌々年度以後の年金給付基礎日額となります。このスライド率は、毎年7月31日までに官報で告示されます。この告示された率によって、翌8月1日以後に支給すべき年金たる保険給付の年金給付基礎日額が毎年算定されることとなります。

(2)　年金給付基礎日額の年齢階層別の最低限度額及び最高限度額

　年金給付基礎日額についても、休業給付基礎日額と同様に、年齢階層別の最低限度額及び最高限度額が定められています。ただ、休業給付基礎日額の場合には、療養開始後1年6カ月を経過した者に対して適用されますが、年金給付基礎日額の場合には、年金が支給される最初の月から適用になります。この最低限度額及び最高限度額の算定方法は休業給付基礎日額と同様です。

　官報による告示方法については、休業給付基礎日額と同じです。

■ 被災労働者の年齢の計算

　年齢の計算については、「傷病補償年金・複数事業労働者傷病年金・傷病年金」

及び「障害補償年金・複数事業労働者障害年金・障害年金」にあっては当該年金たる保険給付を受けるべき労働者（被災労働者）の8月1日における年齢をもって同日から1年間の被災労働者の年齢とし、「遺族補償年金・複数事業労働者遺族年金・遺族年金」にあっては、当該年金たる保険給付の受給権者（遺族）の年齢ではなく、死亡した被災労働者が生存していると仮定した場合の8月1日における当該被災労働者の年齢をもって、同日から1年間の当該被災労働者の年齢とします。

■ スライド制との関係

休業給付基礎日額の場合と同様に、スライドされた年金給付基礎日額についても最低限度額及び最高限度額が適用されることとなります。

(3) 年金給付基礎日額の算定

年金給付基礎日額の算定は、労災保険法第8条の3第1項の年金給付基礎日額（スライド制を適用すべき場合はスライド後の額）と被災労働者の年齢の属する年齢階層の最低限度額及び最高限度額とを大小比較して次の表のように行います。

最低限度額≦法第8条の3第1項の年金給付基礎日額≦最高限度額のとき
　　　　　　　　　　…法第8条の3第1項の年金給付基礎日額
最低限度額＞法第8条の3第1項の年金給付基礎日額のとき…最低限度額
最高限度額＜法第8条の3第1項の年金給付基礎日額のとき…最高限度額

---

(4) 経過措置

年金給付基礎日額の最低限度額及び最高限度額は、昭和61年の労災保険法の改正（昭和62年2月1日施行）により新設されたものですが、これに伴い、次のような経過措置が設けられています。

① 昭和62年1月31日において年金たる保険給付を受ける権利を有していた者であって、同一の業務上の事由又は通勤による障害又は死亡に関し、同年2月1日以後においても年金たる保険給付を受ける権利を有するもの（以下「経過措置対象者」という。）については、当該同日以後において受ける権利を有する年金たる保険給付の同日以後の期間に係る額の算定に当たっては、同年1月31日における法第8条の給付基礎日額（同日においてスライド制を適用すべき場合には、同日における通算スライド率を乗じて得た額。以下「施行前給付基礎日額」という。）

　が、被災労働者の年齢の属する年齢階層の最高限度額を超える場合であっても、施行前給付基礎日額を法第8条の3の年金給付基礎日額とします。

②　①の昭和62年1月31日において受ける権利を有していた年金たる保険給付が遺族（補償）年金である場合には、同年2月1日以後に転給により受給権者となった遺族（補償）年金の受給資格者は同年1月31日において当該遺族（補償）年金を受ける権利を有していたものとみなすこととされ、①の経過措置が適用されます。

❸　一時金給付の給付基礎日額

　業務災害のうち、障害補償一時金、障害補償年金差額一時金、障害補償年金前払一時金、遺族補償一時金、遺族補償年金前払一時金、葬祭料、複数業務要因災害のうち、複数事業労働者障害一時金、複数事業労働者障害年金差額一時金、複数事業労働者障害年金前払一時金、複数事業労働者遺族一時金、複数事業労働者遺族年金前払一時金、複数事業労働者葬祭給付、また、通勤災害のうち、障害一時金、障害年金差額一時金、障害年金前払一時金、遺族一時金、遺族年金前払一時金及び葬祭給付の額の算定の基礎として用いる給付基礎日額のスライドについては、年金給付基礎日額がスライドされる方法と同様の方法により行われます。なお、前払一時金のスライド率は、前払一時金請求時でのスライド率ではなく、当該前払一時金に係る年金の受給権発生時でのスライド率となります。

　このように、これらの一時金給付に係る給付基礎日額のスライドについて年金給付基礎日額のスライドと同様に行うこととされているのは、支給事由の点からみると、年金たる保険給付とこれらの一時金とで共通する点が多く、同一の事由について支給される給付について、支給される給付がたまたま年金であるか一時金であるかによってスライド率を異にすることは適当でないと考えられたためです。

▶▶図表3　給付基礎日額に関する法令条項の関係

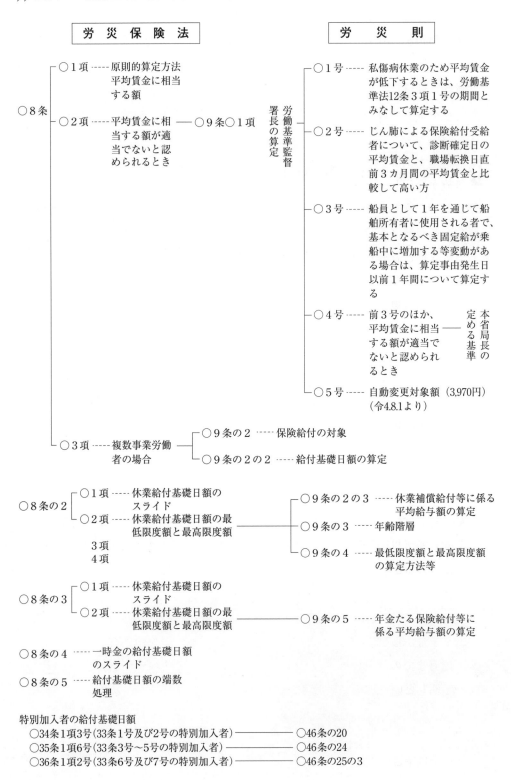

関 係 条 文

労災保険法

（給付基礎日額）

第8条　給付基礎日額は、労働基準法第12条の平均賃金に相当する額とする。この場合において、同条第1項の平均賃金を算定すべき事由の発生した日は、前条第1項第1号から第3号までに規定する負傷若しくは死亡の原因である事故が発生した日又は診断によつて同項第1号から第3号までに規定する疾病の発生が確定した日（以下「算定事由発生日」という。）とする。

②　労働基準法第12条の平均賃金に相当する額を給付基礎日額とすることが適当でないと認められるときは、前項の規定にかかわらず、厚生労働省令で定めるところによつて政府が算定する額を給付基礎日額とする。

③　前2項の規定にかかわらず、複数事業労働者の業務上の事由、複数事業労働者の二以上の事業の業務を要因とする事由又は複数事業労働者の通勤による負傷、疾病、障害又は死亡により、当該複数事業労働者、その遺族その他厚生労働省令で定める者に対して保険給付を行う場合における給付基礎日額は、前2項に定めるところにより当該複数事業労働者を使用する事業ごとに算定した給付基礎日額に相当する額を合算した額を基礎として、厚生労働省令で定めるところによつて政府が算定する額とする。

（休業補償給付等の給付基礎日額）

第8条の2　休業補償給付、複数事業労働者休業給付又は休業給付（以下この条において「休業補償給付等」という。）の額の算定の基礎として用いる給付基礎日額（以下この条において「休業給付基礎日額」という。）については、次に定めるところによる。

一　次号に規定する休業補償給付等以外の休業補償給付等については、前条の規定により給付基礎日額として算定した額を休業給付基礎日額とする。

二　1月から3月まで、4月から6月まで、7月から9月まで及び10月から12月までの各区分による期間（以下この条及び第42条第2項において「四半期」という。）ごとの平均給与額（厚生労働省において作成する毎月勤労統計における毎月きまつて支給する給与の額を基礎として厚生労働省令で定めるところにより算定した労働者1人当たりの給与の1箇月平均額をいう。以下この号において同じ。）が、算定事由発生日の属する四半期（この

号の規定により算定した額（以下この号において「改定日額」という。）を休業給付基礎日額とすることとされている場合にあつては、当該改定日額を休業補償給付等の額の算定の基礎として用いるべき最初の四半期の前々四半期）の平均給与額の100分の110を超え、又は100分の90を下るに至つた場合において、その上昇し、又は低下するに至つた四半期の翌々四半期に属する最初の日以後に支給すべき事由が生じた休業補償給付等については、その上昇し、又は低下した比率を基準として厚生労働大臣が定める率を前条の規定により給付基礎日額として算定した額（改定日額を休業給付基礎日額とすることとされている場合にあつては、当該改定日額）に乗じて得た額を休業給付基礎日額とする。

② 休業補償給付等を支給すべき事由が生じた日が当該休業補償給付等に係る療養を開始した日から起算して1年6箇月を経過した日以後の日である場合において、次の各号に掲げる場合に該当するときは、前項の規定にかかわらず、当該各号に定める額を休業給付基礎日額とする。

一 前項の規定により休業給付基礎日額として算定した額が、厚生労働省令で定める年齢階層（以下この条において単に「年齢階層」という。）ごとに休業給付基礎日額の最低限度額として厚生労働大臣が定める額のうち、当該休業補償給付等を受けるべき労働者の当該休業補償給付等を支給すべき事由が生じた日の属する四半期の初日（次号において「基準日」という。）における年齢の属する年齢階層に係る額に満たない場合 当該年齢階層に係る額

二 前項の規定により休業給付基礎日額として算定した額が、年齢階層ごとに休業給付基礎日額の最高限度額として厚生労働大臣が定める額のうち、当該休業補償給付等を受けるべき労働者の基準日における年齢の属する年齢階層に係る額を超える場合 当該年齢階層に係る額

③ 前項第1号の厚生労働大臣が定める額は、毎年、年齢階層ごとに、厚生労働省令で定めるところにより、当該年齢階層に属するすべての労働者を、その受けている1月当たりの賃金の額（以下この項において「賃金月額」という。）の高低に従い、20の階層に区分し、その区分された階層のうち最も低い賃金月額に係る階層に属する労働者の受けている賃金月額のうち最も高いものを基礎とし、労働者の年齢階層別の就業状態その他の事情を考慮して定めるものとする。

④ 前項の規定は、第2項第2号の厚生労働大臣が定める額について準用する。

この場合において、前項中「最も低い賃金月額に係る」とあるのは、「最も高い賃金月額に係る階層の直近下位の」と読み替えるものとする。

（年金給付基礎日額）

第8条の3　年金たる保険給付の額の算定の基礎として用いる給付基礎日額（以下この条において「年金給付基礎日額」という。）については、次に定めるところによる。

一　算定事由発生日の属する年度（4月1日から翌年3月31日までをいう。以下同じ。）の翌々年度の7月以前の分として支給する年金たる保険給付については、第8条の規定により給付基礎日額として算定した額を年金給付基礎日額とする。

二　算定事由発生日の属する年度の翌々年度の8月以後の分として支給する年金たる保険給付については、第8条の規定により給付基礎日額として算定した額に当該年金たる保険給付を支給すべき月の属する年度の前年度（当該月が4月から7月までの月に該当する場合にあつては、前々年度）の平均給与額（厚生労働省において作成する毎月勤労統計における毎月きまつて支給する給与の額を基礎として厚生労働省令で定めるところにより算定した労働者1人当たりの給与の平均額をいう。以下この号及び第16条の6第2項において同じ。）を算定事由発生日の属する年度の平均給与額で除して得た率を基準として厚生労働大臣が定める率を乗じて得た額を年金給付基礎日額とする。

②　前条第2項から第4項までの規定は、年金給付基礎日額について準用する。この場合において、同条第2項中「休業補償給付等を支給すべき事由が生じた日が当該休業補償給付等に係る療養を開始した日から起算して1年6箇月を経過した日以後の日である」とあるのは「年金たる保険給付を支給すべき事由がある」と、「前項」とあるのは「次条第1項」と、「休業給付基礎日額」とあるのは「年金給付基礎日額」と、同項第1号中「休業補償給付等」とあるのは「年金たる保険給付」と、「支給すべき事由が生じた日」とあるのは「支給すべき月」と、「四半期の初日（次号」とあるのは「年度の8月1日（当該月が4月から7月までの月に該当する場合にあつては、当該年度の前年度の8月1日。以下この項」と、「年齢の」とあるのは「年齢（遺族補償年金、複数事業労働者遺族年金又は遺族年金を支給すべき場合にあつては、当該支給をすべき事由に係る労働者の死亡がなかつたものとして計算した場合に得られる当該労働者の基準日における年齢。次号において同じ。）の」と、同項第

2号中「休業補償給付等」とあるのは「年金たる保険給付」と読み替えるものとする。

（一時金の給付基礎日額）

第8条の4　前条第1項の規定は、障害補償一時金若しくは遺族補償一時金、複数事業労働者障害一時金若しくは複数事業労働者遺族一時金又は障害一時金若しくは遺族一時金の額の算定の基礎として用いる給付基礎日額について準用する。この場合において、同項中「の分として支給する」とあるのは「に支給すべき事由が生じた」と、「支給すべき月」とあるのは「支給すべき事由が生じた月」と読み替えるものとする。

（給付基礎日額の端数処理）

第8条の5　給付基礎日額に1円未満の端数があるときは、これを1円に切り上げるものとする。

┌─────────
│ 労災則
└─────────

（給付基礎日額の特例）

第9条　法第8条第2項の規定による給付基礎日額の算定は、所轄労働基準監督署長が、次の各号に定めるところによつて行う。

一　労働基準法（昭和22年法律第49号）第12条第1項及び第2項に規定する期間中に業務外の事由による負傷又は疾病の療養のために休業した労働者の同条の平均賃金（以下「平均賃金」という。）に相当する額が、当該休業した期間を同条第3項第1号に規定する期間とみなして算定することとした場合における平均賃金に相当する額に満たない場合には、その算定することとした場合における平均賃金に相当する額とする。

二　じん肺にかかつたことにより保険給付を受けることとなつた労働者の平均賃金に相当する額が、じん肺にかかつたため粉じん作業以外の作業に常時従事することとなつた日を平均賃金を算定すべき事由の発生した日とみなして算定することとした場合における平均賃金に相当する額に満たない場合には、その算定することとした場合における平均賃金に相当する額とする。

三　1年を通じて船員法（昭和22年法律第100号）第1条に規定する船員として船舶所有者（船員保険法（昭和14年法律第73号）第3条に規定する場合にあつては、同条の規定により船舶所有者とされる者）に使用される者の賃金について、基本となるべき固定給のほか、船舶に乗り組むこと、船舶の就航区域、船積貨物の種類等により変動がある賃金が定められる場合には、基本となるべき固定給に係る平均賃金に相当する額と変動がある賃金に係る平均賃金に相当する額とを基準とし、厚生労働省労働基準局長が定める基準に従つて算定する額とする。

四　前3号に定めるもののほか、平均賃金に相当する額を給付基礎日額とすることが適当でないと認められる場合には、厚生労働省労働基準局長が定める基準に従つて算定する額とする。

五　平均賃金に相当する額又は前各号に定めるところによつて算定された額（以下この号において「平均賃金相当額」という。）が4,180円（当該額が次項及び第3項の規定により変更されたときは、当該変更された額。以下「自動変更対象額」という。）に満たない場合には、自動変更対象額とする。ただし、次のイからニまでに掲げる場合においては、それぞれイからニまで

に定める額とする。

　　イ　平均賃金相当額を法第8条の規定により給付基礎日額として算定した
　　　額とみなして法第8条の2第1項の規定を適用したときに同項第2号の
　　　規定により算定した額を同項の休業給付基礎日額とすることとされる場
　　　合において、当該算定した額が自動変更対象額以上であるとき。　平均
　　　賃金相当額

　　ロ　イの当該算定した額が自動変更対象額に満たないとき。　自動変更対
　　　象額を、当該算定した額を平均賃金相当額で除して得た率で除して得た
　　　額（その額に1円未満の端数があるときは、これを切り捨てるものとし、
　　　当該端数を切り捨てた額が平均賃金相当額に満たないときは、平均賃金
　　　相当額）

　　ハ　平均賃金相当額を法第8条の規定により給付基礎日額として算定した
　　　額とみなして法第8条の3第1項（法第8条の4において準用する場
　　　合を含む。）の規定を適用したときに同項第2号（法第8条の4において準
　　　用する場合を含む。ニにおいて同じ。）の規定により算定した額を当該保
　　　険給付の額の算定の基礎として用いる給付基礎日額とすることとされる
　　　場合において、当該算定した額が自動変更対象額以上であるとき。　平
　　　均賃金相当額

　　ニ　ハの当該算定した額が自動変更対象額に満たないとき。　自動変更対
　　　象額を当該算定に用いた法第8条の3第1項第2号の厚生労働大臣が定
　　　める率で除して得た額（その額に1円未満の端数があるときは、これを
　　　切り捨てるものとし、当該端数を切り捨てた額が平均賃金相当額に満た
　　　ないときは、平均賃金相当額）

2　厚生労働大臣は、年度（4月1日から翌年3月31日までをいう。以下同じ。）
　の平均給与額（厚生労働省において作成する毎月勤労統計（第9条の2の3、
　第9条の5及び附則第57項において「毎月勤労統計」という。）における労
　働者1人当たりの毎月きまつて支給する給与の額（第9条の5及び附則第57
　項において「平均定期給与額」という。）の4月分から翌年3月分までの各月
　分の合計額を12で除して得た額をいう。以下この項において同じ。）が平成
　6年4月1日から始まる年度（この項及び次項の規定により自動変更対象額
　が変更されたときは、直近の当該変更がされた年度の前年度）の平均給与額
　を超え、又は下るに至つた場合においては、その上昇し、又は低下した比率
　に応じて、その翌年度の8月1日以後の自動変更対象額を変更しなければな

らない。

3　自動変更対象額に5円未満の端数があるときは、これを切り捨て、5円以上10円未満の端数があるときは、これを10円に切り上げるものとする。

4　厚生労働大臣は、前2項の規定により自動変更対象額を変更するときは、当該変更する年度の7月31日までに当該変更された自動変更対象額を告示するものとする。

（複数事業労働者に係る保険給付の対象）

第9条の2　法第8条第3項の厚生労働省令で定める者は、法第12条の8第2項、第20条の7第1項及び第22条の5第1項に規定する葬祭を行う者とする。

（複数事業労働者に係る給付基礎日額の算定）

第9条の2の2　法第8条第3項の規定による複数事業労働者の給付基礎日額の算定は、所轄労働基準監督署長が、次に定めるところによつて行う。

1　当該複数事業労働者を使用する事業ごとに算定した給付基礎日額に相当する額を合算した額とする。ただし、第9条第1項第5号の規定は、適用しない。

2　前号の規定により算定して得た額が第9条第1項第5号に規定する自動変更対象額に満たない場合には、前号の規定により算定して得た額を第9条第1項第5号に規定する平均賃金相当額とみなして同号の規定を適用したときに得られる同号の額とする。

3　前2号に定めるもののほか、当該複数事業労働者を使用する事業ごとに算定した給付基礎日額に相当する額を合算した額を給付基礎日額とすることが適当でないと認められる場合には、厚生労働省労働基準局長が定める基準に従つて算定する額とする。

（休業補償給付等に係る平均給与額の算定）

第9条の2の3　法第8条の2第1項第2号の平均給与額は、毎月勤労統計における労働者1人当たりの毎月きまつて支給する給与の同号の四半期の1箇月平均額によるものとする。

（年齢階層）

第9条の3　法第8条の2第2項第1号（法第8条の3第2項において準用する場合を含む。次条第1項において同じ。）の厚生労働省令で定める年齢階層は、20歳未満、20歳以上25歳未満、25歳以上30歳未満、30歳以上35歳未満、35歳以上40歳未満、40歳以上45歳未満、45歳以上50歳未満、50歳以上55歳未満、55歳以上60歳未満、60歳以上65歳未満、65歳以上70歳未満及び70歳以上の年齢階層とする。

（最低限度額及び最高限度額の算定方法等）

第9条の4　法第8条の2第2項第1号の厚生労働大臣が定める額（以下この条において「最低限度額」という。）は、厚生労働省において作成する賃金構造基本統計（以下この項及び第7項において「賃金構造基本統計」という。）の常用労働者（賃金構造基本統計調査規則（昭和39年労働省令第8号）第4条第1項に規定する事業所（国又は地方公共団体の事業所以外の事業所に限る。）に雇用される常用労働者をいう。以下この項及び第4項において「常用労働者」という。）について、前条に規定する年齢階層（以下この条において「年齢階層」という。）ごとに求めた次の各号に掲げる額の合算額を、賃金構造基本統計を作成するための調査の行われた月の属する年度における被災労働者（年金たる保険給付（遺族補償年金、複数事業労働者遺族年金又は遺族年金を除く。）を受けるべき労働者及び遺族補償年金、複数事業労働者遺族年金又は遺族年金を支給すべき事由に係る労働者をいう。以下この項において同じ。）の数で除して得た額（その額に1円未満の端数があるときは、これを1円に切り上げる。）とする。

一　当該年齢階層に属する常用労働者であつて男性である者（以下この号において「男性労働者」という。）を、その受けている賃金構造基本統計の調査の結果による1月当たりのきまつて支給する現金給与額（以下この条において「賃金月額」という。）の高低に従い、20の階層に区分し、その区分された階層のうち最も低い賃金月額に係る階層に属する男性労働者の受けている賃金月額のうち最も高いものを30で除して得た額に、被災労働者であつて男性である者の数を乗じて得た額

二　前号中「男性である者」とあるのは「女性である者」と、「男性労働者」とあるのは「女性労働者」として、同号の規定の例により算定して得た額

2　前項の規定により算定して得た額が、自動変更対象額に満たない場合は、自動変更対象額を当該年齢階層に係る最低限度額とする。

3　第1項の規定は、法第8条の2第2項第2号（法第8条の3第2項において準用する場合を含む。）の厚生労働大臣が定める額について準用する。この場合において、第1項中「「最低限度額」」とあるのは「「最高限度額」」と、「最も低い賃金月額に係る」とあるのは「最も高い賃金月額に係る階層の直近下位の」と読み替えるものとする。

4　前項において準用する第1項の規定により算定して得た額が、常用労働者を、その受けている賃金月額の高低に従い、4の階層に区分し、その区分さ

れた階層のうち最も高い賃金月額に係る階層の直近下位の階層に属する常用労働者の受けている賃金月額のうち最も高いものを30で除して得た額（その額に1円未満の端数があるときは、これを1円に切り上げる。）に満たない場合は、当該30で除して得た額を当該年齢階層に係る最高限度額とする。

5　65歳以上70歳未満の年齢階層に係る最低限度額及び最高限度額についての第1項（第3項において準用する場合を含む。）の規定の適用については、第1項中「厚生労働省において作成する賃金構造基本統計（以下この項及び第7項において「賃金構造基本統計」という。）の常用労働者」とあるのは「常用労働者等」と、「常用労働者をいう」とあるのは「常用労働者（以下この項及び第4項において「常用労働者」という。）及び常用労働者以外の者であつて、65歳以上のものをいう」と、「この項及び第4項において「常用労働者」という」とあるのは「この項において同じ」と、「賃金構造基本統計を」とあるのは「厚生労働省において作成する賃金構造基本統計（以下この項及び第7項において「賃金構造基本統計」という。）を」と、「常用労働者であつて男性である者（」とあるのは「常用労働者等であつて男性である者（常用労働者以外の者については、当該年齢階層に属するものの数の4分の3に相当する数のものに限る。」と、「現金給与額（」とあるのは「現金給与額（常用労働者以外の者については、当該年齢階層に属する常用労働者の受けている賃金構造基本統計の調査の結果による1月当たりのきまつて支給する現金給与額のうち最も低いものとする。」とする。

6　前項の規定は70歳以上の年齢階層に係る最低限度額及び最高限度額について準用する。この場合において、同項中「「常用労働者であつて男性である者（」とあるのは「常用労働者等であつて男性である者（常用労働者以外の者については、当該年齢階層に属するものの数の4分の3に相当する数のものに限る。」」とあるのは「「常用労働者であつて」とあるのは「常用労働者等であつて」」とする。

7　厚生労働大臣は、毎年、その年の8月1日から翌年7月31日までの間に支給すべき事由が生じた休業補償給付、複数事業労働者休業給付若しくは休業給付又はその年の8月から翌年の7月までの月分の年金たる保険給付の額の算定の基礎として用いる給付基礎日額に係る最低限度額及び最高限度額を、当該8月の属する年の前年の賃金構造基本統計の調査の結果に基づき、前各項の規定により定め、当該8月の属する年の7月31日までに告示するものとする。

（年金たる保険給付等に係る平均給与額の算定）

第9条の5　法第8条の3第1項第2号（法第8条の4において準用する場合を含む。次項において同じ。）の平均給与額は、平均定期給与額の4月分から翌年3月分までの各月分の合計額によるものとする。ただし、毎月勤労統計の標本の抽出替えが行われたことにより当該各月分の合計額によることが適当でないと認められる場合には、当該各月について、常用労働者（毎月勤労統計における常用労働者をいう。以下この項において同じ。）を常時5人以上雇用する事業所（毎月勤労統計における事業所をいう。）に雇用される常用労働者に係る当該抽出替えが行われた月の当該抽出替えが行われた後の平均定期給与額に当該抽出替えが行われた後の賃金指数（毎月勤労統計における毎月きまつて支給する給与の賃金指数をいう。以下この項において同じ。）を当該抽出替えが行われた月の当該抽出替えが行われた後の賃金指数で除して得た数を乗じて得た額の合計額によるものとする。

2　毎月勤労統計の調査の範囲、対象等の変更が行われたことにより前項の規定により算定した平均給与額によることが適当でないと認められる場合においては、同項の規定にかかわらず、当該変更が行われた月の属する年度の法第8条の3第1項第2号の平均給与額は当該変更が行われた月以後の12月分の平均定期給与額の合計額（当該合計額により難い場合には、12を下回る厚生労働大臣が定める数の月分の平均定期給与額の合計額。以下この項において同じ。）を当該変更が行われなかつたものとした場合に得られる当該12月分の平均定期給与額の合計額で除して得た率（以下この項において「補正率」という。）を当該変更が行われた月より前の各月の月分の平均定期給与額に乗じて得た額を当該変更が行われた月より前の各月の月分の平均定期給与額とみなして前項本文の規定を適用したときに得られる同項本文の合計額によるものとし、当該変更が行われた月の属する年度より前の年度の同号の平均給与額は同項の規定により算定した平均給与額（同号の平均給与額がこの項の規定により算定した額によるものとされた場合にあつては、当該算定した額）に補正率を乗じて得た額によるものとする。

第2 平均賃金

1 平均賃金の意義

労働基準法

（平均賃金）

第12条 この法律で平均賃金とは、これを算定すべき事由の発生した日以前3箇月間にその労働者に対し支払われた賃金の総額を、その期間の総日数で除した金額をいう。ただし、その金額は、次の各号の一によつて計算した金額を下つてはならない。

一　賃金が、労働した日若しくは時間によつて算定され、又は出来高払制その他の請負制によつて定められた場合においては、賃金の総額をその期間中に労働した日数で除した金額の100分の60

二　賃金の一部が、月、週その他一定の期間によつて定められた場合においては、その部分の総額をその期間の総日数で除した金額と前号の金額の合算額

② 前項の期間は、賃金締切日がある場合においては、直前の賃金締切日から起算する。

③ 前2項に規定する期間中に、次の各号のいずれかに該当する期間がある場合においては、その日数及びその期間中の賃金は、前2項の期間及び賃金の総額から控除する。

一　業務上負傷し、又は疾病にかかり療養のために休業した期間

二　産前産後の女性が第65条の規定によつて休業した期間

三　使用者の責めに帰すべき事由によつて休業した期間

四　育児休業、介護休業等育児又は家族介護を行う労働者の福祉に関する法律（平成3年法律第76号）第2条第1号に規定する育児休業又は同条第2

号に規定する介護休業（同法第61条第3項（同条第6項において準用する場合を含む。）に規定する介護をするための休業を含む。第39条第10項において同じ。）をした期間

　五　試みの使用期間

④　第1項の賃金の総額には、臨時に支払われた賃金及び3箇月を超える期間ごとに支払われる賃金並びに通貨以外のもので支払われた賃金で一定の範囲に属しないものは算入しない。

⑤　賃金が通貨以外のもので支払われる場合、第1項の賃金の総額に算入すべきものの範囲及び評価に関し必要な事項は、厚生労働省令で定める。

⑥　雇入後3箇月に満たない者については、第1項の期間は、雇入後の期間とする。

⑦　日日雇い入れられる者については、その従事する事業又は職業について、厚生労働大臣の定める金額を平均賃金とする。

⑧　第1項乃至第6項によつて算定し得ない場合の平均賃金は、厚生労働大臣の定めるところによる。

　労働基準法においては、労働者を解雇する場合の予告に代わる手当（第20条）、使用者の責に帰すべき休業の場合に支払われる休業手当（第26条）、年次有給休暇の日について支払われる賃金（第39条）、労働者が業務上負傷し、もしくは疾病にかかり、又は死亡した場合の災害補償——休業補償（第76条）、障害補償（第77条）、遺族補償（第79条）、葬祭料（第80条）、打切補償（第81条）及び分割補償（第82条）——並びに減給の制裁の制限額（第91条）を算定するときのそれぞれの尺度として平均賃金を用いることとしています。これらの手当、補償等に関する規定の趣旨は、いずれも労働者の生活を補償しようとするものです。したがって、これらの計算の尺度たる平均賃金としては、労働者の通常の生活賃金をありのまま算定することがその基本原理となっています。

2 ┃ 平均賃金の算定方法

　第12条の平均賃金の算定方法を要約すれば、算定すべき事由の発生した日以前3カ月間にその労働者に対して支払われた賃金の総額を、その期間の総日数で除すことによって1生活日当たりの賃金額を求めるものです。

　労働基準法第12条は、平均賃金の計算方法を常用労働者に関するもの（第1項な

いし第6項）と、日雇労働者に関するもの（第7項）とに分けて規定し、さらに、常用労働者については、第1項ないし第6項に定める原則的な算定方法により難い場合のあることを予想して、第8項にその救済規定を設けています。

　以上のことを労働基準法、同法施行規則（命令）及び告示との関連を含めて図示すると**図表4**（平均賃金算定方法）のとおりとなり、さらに、**図表4**に解釈例規との関連も含めて図示すると、**図表5**（平均賃金算定方法一覧）のとおりとなります。

▶▶ **図表4　平均賃金算定方法**

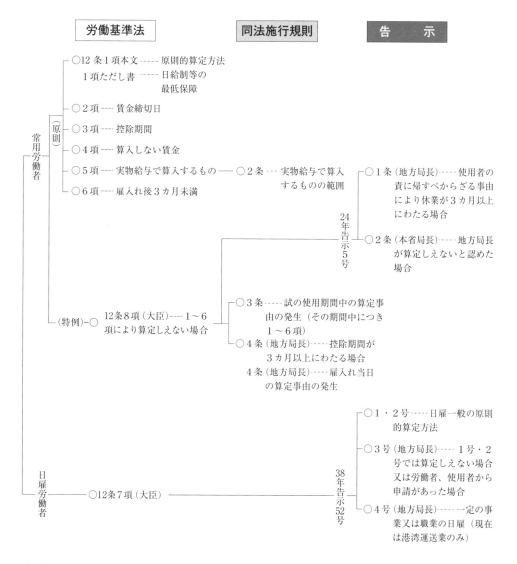

　［注］（大臣）及び（地方局長）は、平均賃金の決定権者が厚生労働大臣及び都道府県労働局長であることを示す。

▶図表5　平均賃金算定方法一覧

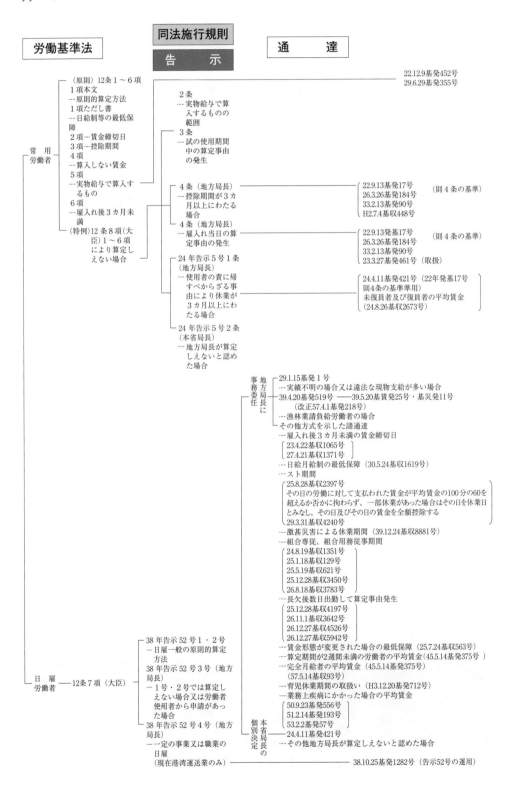

労働基準法

同法施行規則

告　示

通　　達

常　用
労働者

(原則) 12条1～6項
1項本文
…原則的算定方法
1項ただし書
…日給制等の最低保
障
2項…賃金締切日
3項…控除期間
4項
…算入しない賃金
5項
…実物給与で算入す
るもの
6項
…雇入れ後3カ月未
満
(特例) 12条8項(大
臣) 1～6項
により算定し
えない場合

2条
…実物給与で算入
するものの
範囲
3条
…試の使用期間
中の算定事由
の発生

4条 (地方局長)
…控除期間が3カ
月以上にわたる
場合
4条 (地方局長)
…雇入れ当日の算
定事由の発生
24年告示5号1条
(地方局長)
…使用者の責に帰
すべからざる事
由により休業が
3カ月以上にわ
たる場合
24年告示5号2条
(本省局長)
…地方局長が算定
しえないと認め
た場合

22.12.9基発452号
29.6.29基発355号

22.9.13基発17号　　　　(則4条の基準)
26.3.26基発184号
33.2.13基発90号
H2.7.4基収448号

22.9.13発基17号　　　　(則4条の基準)
26.3.26基発184号
33.2.13基発90号
23.3.27基発461号 (取扱)

24.4.11基発421号 (22年発基17号
　則4条の基準準用)
未復員者及び復員者の平均賃金
(24.8.26基収2673号)

事務委任に地方局長

29.1.15基発1号
…実績不明の場合又は違法な現物支給が多い場合
39.4.20基発519号 ──── 39.5.20基賃発25号・基災発11号
　(改正57.4.1基発218号)
…漁林業請負給労働者の場合
…その他方式を示した諸通達
…雇入れ後3カ月未満の賃金締切日
23.4.22基収1065号
27.4.21基収1371号
…日給月給制の最低保障 (30.5.24基収1619号)
…スト期間
25.8.28基収2397号
その日の労働に対して支払われた賃金が平均賃金の100分の60を
超えるか否かに拘わらず、一部休業があった場合はその日を休業日
とみなし、その日及びその日の賃金を全額控除する
29.3.31基収4240号
…激甚災害による休業期間 (39.12.24基収8881号)
…組合専従、組合用務従事期間
24.8.19基収1351号
25.1.18基収129号
25.5.19基収621号
25.12.28基収3450号
26.8.18基収3783号
…長欠後数日出勤して算定事由発生
25.12.28基収4197号
26.11.1基収3642号
26.12.27基収4526号
26.12.27基収5942号
…賃金形態が変更された場合の最低保障 (25.7.24基収563号)
…算定期間が2週間未満の労働者の平均賃金 (45.5.14基発375号)
…完全月給者の平均賃金 (45.5.14基発375号)
(57.5.14基収93号)
…育児休業期間の取扱い (H3.12.20基発712号)
…業務上疾病にかかった場合の平均賃金
50.9.23基発556号
51.2.14基発193号
53.2.2基発57号
24.4.11基発421号
…その他地方局長が算定しえないと認めた場合

日　雇
労働者

12条7項 (大臣)

38年告示52号1・2号
…日雇一般の原則的算定
方法
38年告示52号3号 (地方
局長)
…1号・2号では算定し
えない場合又は労働者
使用者から申請があっ
た場合
38年告示52号4号 (地方
局長)
…一定の事業又は職業の
日雇
(現在港湾運送業のみ) ──────

個別決定本省局長の

38.10.25基発1282号 (告示52号の運用)

40

平均賃金算定の実際

1 起算日と算定方法の原則等

> **労働基準法第12条第1項**
>
> 　この法律で平均賃金とは、これを算定すべき事由の発生した日以前3箇月間にその労働者に対し支払われた賃金の総額を、その期間の総日数で除した金額をいう。ただし、その金額は、次の各号の一によつて計算した金額を下つてはならない。
>
> 1　賃金が、労働した日若しくは時間によつて算定され、又は出来高払制その他の請負制によつて定められた場合においては、賃金の総額をその期間中に労働した日数で除した金額の100分の60
> 2　賃金の一部が、月、週その他一定の期間によつて定められた場合においては、その部分の総額をその期間の総日数で除した金額と前号の金額の合算額

> **労働基準法第12条第2項**
>
> 　前項の期間は、賃金締切日がある場合においては、直前の賃金締切日から起算する。

1 起算日

⑴　労働基準法（以下、この第3において単に「法」とあるのは労働基準法を指す。）第12条において、平均賃金の定義等について規定していますが、算定すべき事由の発生した日、すなわち平均賃金の起算日となる日は次のとおりです。

■ 算定すべき事由の発生した日（起算日）

①　死傷の原因である事故発生の日又は診断によって疾病の発生が確定した日（労働基準法施行規則第48条、労災保険法第8条）

② 所定労働時間が２暦日にわたる場合で、２暦日目に算定事由が発生したときは、当該勤務の始業時刻の属する日

③ 労働者に解雇の通告をした日

④ 使用者の責に帰すべき事由により休業した最初の日

⑤ 年次有給休暇の最初の日

⑥ 減給の制裁の意思表示が相手方に到達した日

なお、起算日に関する解釈例規には、次のようなものがあります。

●**解雇日の繰上げと算定事由発生日**＝30日前の解雇予告を行ったが、その後解雇予告の期間中に止むを得ない事由によって、労働者の同意を得て解雇日を繰り上げた場合でも労働者に解雇の通告をした日である。

（昭39.6.12　36基収第2316号）

●**災害補償の場合の算定事由発生日**＝法第12条の規定による「これを算定すべき事由の発生した日」とは「現実に補償すべき事由の発生した日」と解するのではなく、労働基準法施行規則第48条にいう「死傷の原因たる事故発生の日又は診断によって疾病の発生が確定した日」をいう。

（昭25.10.19　基収第2908号）

●**所定労働時間が２暦日にわたる場合の算定事由発生日等の取扱い**＝所定労働時間が２暦日にわたる勤務を行う労働者については、次のように取扱うこと。ただし、１昼夜交替勤務の如く明らかに２日の労働と解することが適当な場合は、原則どおり当該１勤務を２日の労働として計算すること。

1　法第12条第１項の「算定すべき事由の発生した日」は、当該勤務の２暦日目に発生した場合においては、当該勤務の始業時刻の属する日とする。なお総日数には、当該発生日は含まないこと。

2　第１項ただし書第１号の「労働した日数」の計算においては、当該勤務の始業時刻の属する日の１日の労働として取扱うこと。

（昭45.5.14　基発第374号）

〈具体例〉

㈠図は所定労働時間が常に２暦日にわたる勤務を行う労働者について（算定期間が３カ月ありかつ賃金締切日のないものとする。）、算定事由が当該勤務の２暦日目に発生した場合

　　○算定事由発生日は上記１により７月５日となり、上記２の労働した日数は（　）内の期間における労働した日数に７日を加えたものとなる。

(イ)
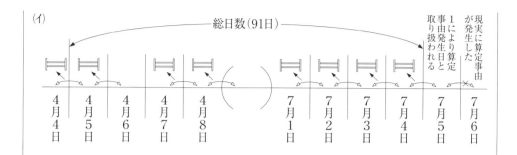

㈹図は一部の所定労働日において所定労働時間が２暦日にわたる労働者について（算定期間は９日あるものとする。）、算定事由が当該勤務の始業時刻の属する日に発生した場合

　　○算定事由発生日は原則どおり８月15日となり、上記２の労働した日数は７日となる。

(ロ)
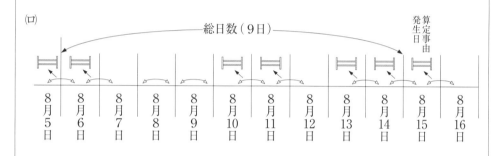

（注）①⌒〰　現実に労働した時間を示す。

　　　②⊨⊨　２によって労働したものとして取り扱われる時間を示す。

(2)　賃金締切日がある場合の平均賃金の起算日は、算定すべき事由の発生した日の直前の賃金締切日となります。

　　なお、賃金締切日に算定事由が発生した場合等については、解釈例規により次のように取り扱うこととされています。

　　●賃金締切日に算定事由が発生した場合＝なお、直前の締切日より遡って３カ月の期間をとる。　　　　　　　　　　　　（昭24.7.13　基収第2044号）

　　➡ 事例1 （77ページ）

　　●賃金ごとに締切日が異なる場合＝平均賃金算定事由発生日前のそれぞれの各賃金ごとの賃金締切日を起算として計算する。

　　　　　　　　　　　　　　　　　　　　　　　　（昭26.12.27　基収第5926号）

　　➡ 事例2 （78ページ）

●**賃金締切日が変更の場合**＝厳格に３カ月の期間をとることなく３カ月の暦日数に最も近い日数を算定期間とする。

上の例は旧締切日は毎月10日、改正後は毎月25日である。この場合は３カ月の暦日数に最も近い77日間をとって算定する。

（昭25.12.28　基収第3802号）

➡ 事例3 （79ページ）

②　算定方法の原則

　平均賃金は、原則として、算定すべき事由の発生した日（賃金の締切日がある場合は直前の賃金締切日）以前３カ月間にその労働者に対して支払われた賃金の総額を、その期間の総日数で除すことにより算出されます。

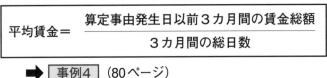

➡ 事例4 （80ページ）

③　平均賃金の最低保障

　平均賃金は、原則として、これを算定すべき事由の発生した日以前３カ月間にその労働者に対し支払われた賃金の総額を、その期間の総日数で除して算定するものですが、賃金が日給制・時間給制又は出来高払制その他の請負制によって計算される場合には、３カ月間中に欠勤日数が異常に多いときは、その労働者の平均賃金も異常に低額となり、労働者の生活日当たりの賃金を算定しようとする平均賃金の意味が失われることになってしまいます。法第12条第１項ただし書の規定は、このような場合のために、賃金の全部又は一部が日給制・時間給制又は出来高払制その他の請負制によって定められている場合について、最低保障額の算定方法を定めたものです。したがって、第１項本文によって算定した金額が同項ただし書の最低保障額に満たないときは、この最低保障額が平均賃金となります。

●**法第12条第1項第1号の場合**

$$\frac{賃金が日給、時間給、出来高給、その他の請負制の場合はその総額}{算定期間中に労働した日数} \times \frac{60}{100} = ○円○銭 \cdots 最低保障額$$

➡ 事例5 （81ページ）

●**2日にわたる労働の日数計算**＝法第12条第1項ただし書第1号の「労働した日数」の計算において、1日とは午前零時から午後12時迄である。

（昭23.7.3　基収第2176号）

●**法第12条第1項第2号の場合**

$$\frac{賃金の一部が月、週その他一定の期間によって定められた場合はその部分の総額}{算定期間中の総日数} + 法第12条1項第1号によって計算された額 = ○円○銭 \cdots 最低保障額$$

➡ 事例6 （82ページ）

●**休日手当**＝所定休日に労働すると否とにかかわらずその日について支払われる休日手当は、第12条第1項ただし書の規定によって平均賃金を算定する場合においては、月によって定められた賃金とみなす。

（昭23.3.16　基発第458号）

2 賃金の総額（算定基礎賃金）

労働基準法第11条
　この法律で賃金とは、賃金、給料、手当、賞与その他名称の如何を問わず、労働の対償として使用者が労働者に支払うすべてのものをいう。

　平均賃金を算定する場合、分子となる金額（算定基礎賃金）は「その労働者に対して支払われた賃金の総額」です。賃金とは、労働基準法第11条に規定する賃金をいいます。なお、「その労働者に対し支払われた賃金」とは、現実にすでに支払われている賃金だけでなく、実際に支払われていないものであっても、算定すべき事由の発生した日において、すでに債権として確定した賃金も含まれます。

　算定基礎賃金に関する解釈例規には、次のようなものがあります。

　●**新旧賃金の差額の取扱い**＝新賃金を遡って適用する協定がなされている場合は、各月に支払われたものとする。　（昭22.11.5　基発第233号）

　➡ 事例7 （83ページ）

●**算定事由発生後の賃金の改定遡及**＝この場合は旧ベースによって平均賃金を算定し、追給額を含めるべきではない。　（昭23.8.11　基収第2934号）

➡ 事例8 （84ページ）

●**賃金ベース変更の場合の賃金**＝中央協定の成立によって決定した賃金は、法第12条における「労働者に対し支払われた賃金」とみなす。従って、中央協定の実施期日（協定の効力が遡及する場合は協定成立の日）以降において平均賃金算定の事由が発生した場合は、その協定による賃金を算入する。また、細部協定未成立のときは、一応現実に支払済となった賃金より仮の平均賃金を算出する。　（昭24.5.6　基発第513号）

➡ 事例9 （85ページ）

●**二重雇用関係にある者の平均賃金**＝A事業場で働いている労働者が、A事業場の勤務時間外にB事業場でも働いている場合、A事業場で発生した災害に対する平均賃金の算定については、平均賃金算定事由の発生したA事業場の賃金並びに期間による。　（昭28.10.2　基収第3048号）

●**転退社後に業務上の負傷又は疾病が再発した場合**＝原疾病が発症した事業場で支払われた賃金により平均賃金を算出する。

（昭25.5.13　基収第843号）

➡ 事例10 （86ページ）

① 算定基礎賃金の範囲

　算定基礎賃金には原則として労働基準法第11条に規定する賃金のすべてが含まれますが、従来より算定基礎賃金に含まれるか否かについて解釈例規において問題となったものは、次のようなものがあります。

　　●**通勤手当**＝通勤手当は平均賃金算定基礎に入れる。

（昭22.12.26　基発第573号）

➡ 事例11 （87ページ）

　　●**年次有給休暇の日数及び賃金**＝平均賃金算定基礎に入れる。

（昭22.11.5　基発第231号）

➡ 事例12 （88ページ）

　　●**休電日の休業手当**＝平均賃金算定の基礎に入れる。

（昭23.3.17　基発第461号）

➡ 事例13 （89ページ）

　　●**荷馬車曳の飼料及び車の損料**＝飼料及び車の損料は賃金ではないので、平

均賃金の算定基礎賃金には含まれない。なお、荷馬車曳を雇用する場合には、飼料及び車の損料は予め賃金と区別して定めるべきで、単に運賃として飼料及び車の損料を含むものを定める場合は、請負契約とみなすことを適当とする場合が多い。　　　　　　　　（昭22.12.26　基発第549号）

●**社会保険料**＝保険料の本人負担の一部又は全部を会社が負担（補助）している場合は当該部分は賃金とみなされるので、平均賃金算定の基礎に入れる。　　　　　　（昭24.6.10　基収第1833号、昭63.3.14　基発第150号）

➡ 事例14 （90ページ）

●**冬営手当**＝支給条件等が予め定められている冬営手当で、当初に一括して支給される場合であっても、それが、支給期間の各月分の前渡しと認められる場合は、各月分に分割して平均賃金算定の基礎に入れる。

（昭25.4.25　基収第392号）

➡ 事例15 （91ページ）

❷ 除外賃金

> **労働基準法第12条第4項**
> 　第1項の賃金の総額には、臨時に支払われた賃金及び3箇月を超える期間ごとに支払われる賃金並びに通貨以外のもので支払われた賃金で一定の範囲に属しないものは算入しない。

「賃金の総額」から除外すべき賃金は、労働基準法第12条第4項に規定されていますが、これらの賃金を平均賃金の基礎となる賃金から除外した理由は、もし算入するとすれば、算定時期の如何によって平均賃金に著しく高低を生じることとなり、平均賃金としての趣旨に反するからです。

　除外賃金としては、次のようなものがあります。

(1)　臨時に支払われた賃金

　臨時に支払われた賃金とは、臨時的、突発的事由にもとづいて支払われたもの及び結婚手当等支給条件は予め確定されているが、支給事由の発生が不確定であり、且つ非常に稀に発生するものをいうこと。名称の如何にかかわらず、右に該当しないものは、臨時に支払われた賃金とはみなさないこと。

（昭22.9.13　発基第17号）

なお、臨時に支払われた賃金か否かに関して解釈例規で問題となったものとしては、次のようなものがあります。

●**国家公務員の寒冷地手当、石炭手当及び薪炭手当**＝臨時に支払われる賃金である。　　　　　　　　　　　　　　　　　　　　　　（昭25.12.19　基収第3720号）

●**私傷病手当**＝私傷病のため欠勤した際に支給される私傷病手当は、臨時の賃金であるから、平均賃金の算定には含まれない。

　　　　　　　　　　　　　　　　　　　　　　　　（昭26.12.27　基収第3857号）

●**加療見舞金**＝臨時に支払われる賃金と認められる。

　　　　　　　　　　　　　　　　　　　　　　　　（昭27.5.10　基収第6054号）

　➡ 事例16 （92ページ）

●**退職金**＝臨時的な賃金である。　　　　　　　（昭26.12.27　基発第841号）

　➡ 事例17 （93ページ）

(2)　3カ月を超える期間ごとに支払われる賃金

　「3カ月を超える期間ごとに支払われる賃金」とは、たとえば、年二期の賞与等をいいます。同じく賞与であっても、たとえば各四半期ごとに支払われる賞与は、「賃金の総額」に算入することになります。3カ月を超える期間ごとに支払われる賃金であるか否かは、当該賃金の計算期間が3カ月を超えるかどうかによって定まるのであって、単に支払事務の便宜等のために3カ月を超える期間ごとに一括支払われるごときものは含まれないものであり、したがってそのような賃金は、「賃金総額」に算入しなければなりません。

　なお、3カ月を超える期間ごとに支払われる賃金としては、次のものがあります。

●**褒賞金**＝1人の労働者についてみると、各種の褒賞金が、ほとんど毎月支払われているような場合であっても、個々の褒賞金の計算期間が3カ月を超える期間にわたっている場合には、当該褒賞金は3カ月を超える期間ごとに支払われる賃金であるから基礎に含めなくてよい。

　　　　　　　　　　　　　　　　　　　　　　　　（昭26.11.1　基収第169号）

●**半期精勤手当**＝3カ月を超える期間ごとに支払われる賃金である。

　　　　　　　　　　　　　　　　　　　　　　　　（労働基準法施行規則第8条）

　➡ 事例18 （94ページ）

(3)　通貨以外のもので支払われた賃金

　「4　実物給与の取扱い」の項（52ページ）を参照してください。

3 控除すべき日数と賃金

労働基準法第12条第3項

　前2項に規定する期間中に、次の各号のいずれかに該当する期間がある場合においては、その日数及びその期間中の賃金は、前2項の期間及び賃金の総額から控除する。

1　業務上負傷し、又は疾病にかかり療養のために休業した期間
2　産前産後の女性が第65条の規定によつて休業した期間
3　使用者の責めに帰すべき事由によつて休業した期間
4　育児休業、介護休業等育児又は家族介護を行う労働者の福祉に関する法律（平成3年法律第76号）第2条第1号に規定する育児休業又は同条第2号に規定する介護休業（同法第61条第3項（同条第6項において準用する場合を含む。）に規定する介護をするための休業を含む。第39条第10項において同じ。）をした期間
5　試みの使用期間

　平均賃金の算定期間である3カ月の中に労働基準法第12条第3項各号に該当する期間がある場合には、算定期間からはこれらの期間中の日数を、賃金の総額からはこれらの期間中の賃金を、それぞれ控除して、平均賃金を算定することになります。これらの期間及び賃金を控除しないこととすれば、平均賃金が不当に低くなる場合があるためです。

●**業務上災害による休業**

➡ 事例19 （95ページ）

●**産前産後の休業**

➡ 事例20 （96ページ）

●**使用者の責に帰すべき事由による休業**

➡ 事例21 （97ページ）

　　また、平均賃金の算定期間中に使用者の責めに帰すべき休業期間があり、その期間内に所定休日がある場合、当該休日の日数は、休業した期間の日数に含む。なお、休業の開始日及び終了日は、当該休業に係る労使協定や就業規則の規定に基づく使用者の指示等により、個別の状況に応じて客観的に判断されるものであること。

（平22.7.15　基発0715第7号）

●一部休業の場合の平均賃金＝１労働日の中に使用者の責による休業時間が含まれている場合、その日は休業日とみなし、その日及びその日の賃金を全額控除する。 （昭25.8.28　基収第2397号）

➡ 事例22 （98ページ）

●育児・介護休業法第２条第１号に規定する育児休業以外の育児休業期間

（平3.12.20　基発第712号、**178ページ**）

●試みの使用期間

➡ 事例23 （99ページ）

■ 特例による控除期間

平均賃金算定期間に使用者の責に帰すべからざる事由による休業期間あるいは組合専従期間等がある場合の取扱いについては、法第12条第８項の「**8　第１項ないし第６項によって算定し得ない場合**」（59ページ）を参照してください。

■ 給付基礎日額の特例（昭52.3.30　労働省発労徴第21号、基発第192号）

(1) 従来、平均賃金相当額を給付基礎日額とすることが「著しく不適当である場合」には、厚生労働省令で定めるところにより政府が算定する額を給付基礎日額とするものとされていましたが、昭和51年の法改正により平均賃金相当額を給付基礎日額とすることが「適当でないと認められる」ときは、厚生労働省令で定めるところにより政府が算定する額を給付基礎日額とすることができることとなり、平均賃金相当額を給付基礎日額とする原則に対する特例措置を講ずる範囲を拡大することとしました（労災保険法第８条第２項関係）。

これに伴い、厚生労働省令においては、

イ　従来の特例措置（①平均賃金相当額が1,800円〔現行3,970円〕に満たない場合には、1,800円〔現行3,970円〕を給付基礎日額とする、②じん肺患者については、平均賃金相当額が、じん肺にかかったため粉じん作業以外の作業に常時従事することとなった日を算定事由発生日とみなして算定した平均賃金相当額を下回る場合には、後者の額を給付基礎日額とする。）に加えて、平均賃金の算定基礎期間（労働基準法第12条第１項及び第２項の期間。原則として災害発生前３カ月間。）中に通勤災害その他の業務外の事由による傷病である「私傷病」の療養のために休業した期間がある場合に、平均賃金に相当する額が、その休業した期間及びその期間中に受けた賃金の額を平均賃金の算定基礎期間及びその期間中の賃金の額から控除して算定した平均賃金に相当する額に満たない場合には、後者の額を給付基礎日額とするという内容の特例措置を新たに定め、健常時の賃金水準により給付基礎日額を算定するこ

とができることとしました（労災則第9条第1項第1号関係）。

〈具体例〉

　1カ月15万円の賃金を受けている労働者が、平均賃金算定基礎期間中に交通事故による傷病の療養のため10日間会社を欠勤し、その間の賃金（7万円）を受けなかった場合

　従来の計算方法では

$$\frac{15万円 \times 2 + （15万円 - 7万円）}{90日（3カ月間の暦日数）} = 4,222円$$

となりますが、改正後の計算方法では

$$\frac{15万円 \times 2 + （15万円 - 7万円）}{90日 - 10日（欠勤日数）} = 4,750円$$

とされることになりました。

ロ　これらの厚生労働省令で定めるもののほか、厚生労働省労働基準局長の定める基準により講じる特例措置の範囲が、法律の表現と同様に、「平均賃金相当額によることが適当でないと認められるとき」と改められたことにより、拡大されました（労災則第9条第1項第3号関係）。

(2)　上記(1)イの特例措置について

イ　平均賃金の算定基礎期間中の賃金から控除する賃金の額は、いわゆる月給制の賃金を受ける労働者については、当該賃金の額をその私傷病の療養のために休業した期間を含む月の暦日数で除して得た額に当該私傷病の療養のため休業した期間の日数を乗じて得た額（平均賃金の算定基礎期間中の複数の月に私傷病の療養のため休業した日が含まれているときは、各月ごとに以上により算定した額の合計額）とすることとされています。

〈具体例〉

　上記(1)の〈具体例〉で、月給制の賃金を受けている労働者が、8月30日に業務災害を被った場合、平均賃金の算定基礎から控除する賃金額

①　当該労働者の私傷病による休業期間が、6月10日から6月19日までの場合

$$\frac{15万円 \times 10日}{30日} = 50,000円$$

②　また、私傷病による休業期間が6月27日から7月6日までの2カ月にまたがる場合

$$\frac{15万円 \times 4日}{30日} + \frac{15万円 \times 6日}{31日} = 49,032.26円$$

　ロ　平均賃金算定基礎期間中に私傷病の療養のため休業した期間の日数及びその期間中の賃金の額については、休業補償給付請求書等の各種保険給付の請求書の様式改正を行ったので、これらの請求書記載の事業主の証明事項により確認します。事業場の閉鎖等の理由により事業主の証明が得られない場合には、適宜の方法によりその確認を図ることとなります。

　ハ　日雇労働者については、その平均賃金の算定方法からみて、上記の新特例措置の余地はありません。

(3)　上記(1)ロの特例措置についての留意事項

　　平均賃金の算定基礎期間中に、親族の疾病又は負傷等の看護のため休業した期間については、(1)ロの場合に該当するものとして、上記(1)イの場合に準じて取り扱うこととしています。

●**通勤災害により休業した場合の期間**＝平均賃金の算定に当たっては、業務上災害により療養のために休業した期間とみなして控除する。

(昭52.3.30　基発第192号)

●**私傷病の療養のため休業した場合の期間**＝同上

(昭52.3.30　基発第192号)

➡ 事例24 （100・101ページ）

●**親族の療養の看護のため休業した場合の期間**＝同上

(昭52.3.30　基発第192号)

➡ 事例25 （102・103ページ）

4 実物給与の取扱い

労働基準法第12条第5項
　賃金が通貨以外のもので支払われる場合、第1項の賃金の総額に算入すべきものの範囲及び評価に関し必要な事項は、厚生労働省令で定める。

労働基準法施行規則第2条
(賃金の総額に算入する実物給与の範囲及び評価の方法)

法第12条第5項の規定により、賃金の総額に算入すべきものは、法第24条第1項ただし書の規定による法令又は労働協約の別段の定めに基づいて支払われる通貨以外のものとする。

2 前項の通貨以外のものの評価額は、法令に別段の定がある場合の外、労働協約に定めなければならない。

3 前項の規定により労働協約に定められた評価額が不適当と認められる場合又は前項の評価額が法令若しくは労働協約に定められていない場合においては、都道府県労働局長は、第1項の通貨以外のものの評価額を定めることができる。

「賃金が通貨以外のもので支払われる場合」とは、賃金が実物給与で支払われている場合ですが、このときはすべての実物給与が労働基準法第12条第1項の「賃金の総額」に算入されるわけではなく、一定の範囲に属するもののみが算入されることとなります。算入される実物給与は、「法第24条第1項ただし書の規定による法令又は労働協約の別段の定めに基づいて支払われる通貨以外のもの」とされ、適法な実物給与が算入されることになっています。

この実物給与を算入する場合の評価については、原則として、法令又は労働協約に定めるところによりますが、法律上、賃金を実物給与で支払い得るのは法令又は労働協約に別段の定めがある場合に限られており（第24条第1項ただし書）、法令に別段の定めがある場合のほかは、労働協約にその実物給与の評価を定めておかなければならないこととなっているので、民間企業で実物給与を支払う場合には、すべてその評価をも含めた労働協約の定めがなければなりません。

しかし、労働協約に定められた評価額が不適当と認められる場合又は評価額が法令もしくは労働協約に定められていない場合においては、都道府県労働局長がその評価額を定めることができるものとされています。

評価額が適当であるか否かの判定基準及び評価額の決定基準としては、次のようなものがあります。

● **実物給与の評価額の判定基準**＝実物給与のために使用者が支出した実際費用を超え又はその3分の1を下ってはならない。但し、公定小売価格その他これに準ずる統制額の定めあるものについては、実際費用の如何にかかわらずその額を超えてはならない。　　　（昭22.12.9　基発第452号）

● **評価額が法令もしくは労働協約に定められていない場合の評価額の決定基準**＝施行規則第2条第3項の通貨以外のものの「評価額が法令もしくは

労働協約に定められていない場合」における都道府県労働局長の評価額の決定の基準は「労働協約に定められた評価額が不適当と認められる場合」の評価額の決定の基準によること。　　　（昭29.6.29　基発第355号）

（備考）「労働協約に定められた評価額が不適当と認められた場合」の評価額の決定の基準とは、前記〈昭22.12.9　基発第452号〉を指すものである。

（注）　労働協約に基づかない実物給与については、第12条第8項の「8 第1項ないし第6項によって算定し得ない場合」（59ページ）を参照のこと。

5 雇い入れ後3カ月に満たない場合

> **労働基準法第12条第6項**
> 　雇入後3箇月に満たない者については、第1項の期間は雇入後の期間とする。

　雇い入れ後3カ月未満の労働者について平均賃金を算定すべき事由が発生した場合には、労働基準法第12条第1項の規定により算定事由発生の日以前3カ月の期間をとってこれを算定することができないので、雇い入れ後の期間とその期間中の賃金の総額で算定することになります。このことは、雇い入れ後2、3日しか経過していない日に算定事由が発生した場合も同様です。

　雇い入れ後3カ月未満の労働者の平均賃金の算定に関する解釈例規としては、次のようなものがあります。

●**雇い入れ後3カ月未満の場合で賃金締切日がある場合**＝直前の締切日から起算する。　　　　　　　　　　（昭23.4.22　基収第1065号、**139ページ**）

　　➡ 事例26 （**104ページ**）

●**雇い入れ後の期間が短い場合**＝雇い入れ後2日目、3日目に事故が発生したような場合は施行規則第4条ではなく、法第12条第6項によって算定する。　　　　　　　　　　　　（昭23.4.22　基収第1065号、**139ページ**）

　　➡ 事例27 （**105ページ**）

●**新会社への転籍は「雇い入れ」後としなかった場合**＝会社間における人事交流に伴う転籍につき、解雇予告をすることもなく、また転籍後3カ月以内に平均賃金を算定する事由の発生した場合、旧会社における期間を通算した3カ月間について平均賃金を算定する。

（昭27.4.21　基収第1946号）

➡ 事例28 （106ページ）

●**定年退職後、継続再雇用され、再雇用後３カ月未満の場合**＝形式的には定年の前後によって別個の契約が存在しているが、定年退職後も嘱託として同一業務に再雇用される場合には、実質的に一つの継続した労働関係にあるとして算定事由発生日前３カ月間を算定期間とする。

（昭45.1.22　基収第4464号）

➡ 事例29 （107ページ）

➡ 事例17 （93ページ）

6 「除した金額」の端数の取扱い

　「賃金の総額」を「その期間の総日数」で除して得た金額に銭位未満の端数が生じた場合には、その端数は切り捨てる取扱いが解釈例規（昭22.11.5　基発第232号）で認められています。

　なお、こうして計算した平均賃金を基礎として、実際に労働基準法第20条による解雇予告手当、同法第26条による休業手当等を支払う場合には、「通貨の単位及び貨幣の発行等に関する法律」第３条の規定により、特約がある場合はその特約により、その端数が整理され、特約がない場合は１円未満の端数が四捨五入されて支払われることとなります。

　また、給付基礎日額に１円未満の端数があるときには、１円に切り上げることとされています（労災保険法第８条の５）。

7 日日雇い入れられる者の場合

労働基準法第12条第７項

　日日雇い入れられる者については、その従事する事業又は職業について、厚生労働大臣の定める金額を平均賃金とする。

労働省告示第52号（日日雇い入れられる者の平均賃金）

（昭38.10.11　改正：平12.1.31）

　労働基準法（昭和22年法律第49号）第12条第７項の規定に基づき、日日雇い

入れられる者の平均賃金を次のように定め、昭和38年11月1日から適用する。

　昭和22年労働省告示第1号（日日雇い入れられる者の平均賃金を定める告示）及び昭和37年労働省告示第23号（土木建築事業、陸上運送事業及び港湾運送事業に係る特定の職業に従事する日日雇い入れられる者の平均賃金額を定める告示）は、昭和38年10月31日限り廃止する。

　日日雇い入れられる者（以下「日雇労働者」という。）の平均賃金は、次の金額とする。

1　平均賃金を算定すべき理由の発生した日以前1箇月間に当該日雇労働者が当該事業場において使用された期間がある場合には、その期間中に当該日雇労働者に対して支払われた賃金の総額をその期間中に当該日雇労働者が当該事業場において労働した日数で除した金額の100分の73

2　前号の規定により算定し得ない場合には、平均賃金を算定すべき理由の発生した日以前1箇月間に当該事業場において同一業務に従事した日雇労働者に対して支払われた賃金の総額をその期間中にこれらの日雇労働者が当該事業場において労働した総日数で除した金額の100分の73

3　前2号の規定により算定し得ない場合又は当該日雇労働者若しくは当該使用者が前2号の規定により算定することを不適当と認め申請した場合には、都道府県労働局長が定める金額

4　一定の事業又は職業について、都道府県労働局長がそれらに従事する日雇労働者の平均賃金を定めた場合には、前3号の規定にかかわらず、その金額

　日雇労働者は一般の常用労働者と比較すると、稼働状況にむらがあり、また、本来、毎日その勤務先を異にするのが通例であり、過去の長期間の賃金額又は労働日数を調査することが困難である場合が多く見られます。このような理由から、日雇労働者の平均賃金は、法第12条第7項により、その従事する事業又は職業について、厚生労働大臣の定める金額とされ、これに基づき、昭和38年労働省告示第52号（改正：平成12年労働省告示第2号）によりその算定方法が示されています。

　告示の運用に関する通達が出されていますが、その内容は次のとおりです。

■ 昭和38年労働省告示第52号の運用について（昭38.10.25　基発第1282号）

1　告示第1号から第3号までの規定は、昭和22年労働省告示第1号の規定による算定方法に若干の修正を加えたものであり、第4号は昭和37年労働省告示第23号に代わり、一定の事業又は職業について地方局長があらかじめ一定の平均

賃金を定めることができることを規定したものであること。

2　告示の第1号から第3号までの規定による算定方法

(1)　**当該事業場において本人又は同種労働者の過去1カ月間に実労働がある場合＝**（告示第1号、第2号関係）

第1号及び第2号の規定による算定方法は、それぞれ当該日雇労働者又は同種日雇労働者の当該事業場における実労働日当たり賃金額を算定し、その100分の73を平均賃金とするものであるから、算定事由発生日以前1カ月間における当該日雇労働者又は同種日雇労働者の当該事業場における実労働日数の多少は問わないものであり、また、これらの者の実際の稼働率は考慮せず一率に100分の73を乗ずるものであること。

〈具体例〉

第1号の場合　　過去1カ月間の賃金支払総額　÷　その間の労働日数　×　$\dfrac{73}{100}$

第2号の場合　　同種の労働者の過去1カ月間の賃金支払総額　÷　その間の総労働日数　×　$\dfrac{73}{100}$

---

(2)　**当該事業場において、本人又は同種労働者の過去1カ月間に実労働がない場合＝**（告示第3号前段）

第3号の「前2号の規定により算定し得ない場合」には次によること。

(イ)　（算定事由発生日の賃金があらかじめ一定の $\left\{\begin{array}{l}\text{日額}\\\text{日額以外〈時間給・請負給等〉}\end{array}\right\}$ で定められている場合）

当該日雇労働者の算定事由発生日の賃金があらかじめ一定の日額で定められている場合には、その金額の100分の73とし、その他の場合には、当該日雇労働者の算定事由発生日の実績から通常の労働日の賃金額を推算し、その100分の73とすること。

〈具体例〉

日額で定められている場合　　日額　×　$\dfrac{73}{100}$

日額以外で定められている場合	実績から推算した 通常の労働日の賃金額	$\times \dfrac{73}{100}$

(ロ) **(算定事由発生日の賃金が定められていない場合)**

　　(イ)により算定し得ない場合には、算定事由発生日に当該事業場において同一業務に従事した日雇労働者の1人平均の賃金額の100分の73とすること。

〈具体例〉

$$\text{同種労働者の当日の1人平均賃金額} \times \dfrac{73}{100}$$

(ハ) **(算定事由発生日に当該事業場の同種労働者がいない場合)**

　　(イ)及び(ロ)により算定し得ない場合には、当該地域における同種の日雇労働者の賃金額から告示第2号の規定又は上記(ロ)の算定方法に準じて推算した実労働日当り賃金額の100分の73とすること。

〈具体例〉

　告示第2号の算定方法を準用する場合

$$\text{同一地域における同種労働者の}\atop\text{過去1カ月間の賃金支払総額} \div \text{その間の総労働日数} \times \dfrac{73}{100}$$

　上記(ロ)の方法を準用する場合

$$\text{同一地域における当日の同種労働者の1人平均の賃金額} \times \dfrac{73}{100}$$

(3) **(過去1カ月間の実績によって算定した場合で短時間労働、長時間残業等のため著しく不適当となる場合)** ＝ (告示第3号前段)

　　告示第1号又は第2号の規定により算定した場合において、実労働日当り賃金額が短時間就労、長時間残業その他通常の労働と著しく異なる労働に対する賃金額であるため、その金額の100分の73を平均賃金とすると著しく不適当なものとなるときは、これを第3号の「前2号の規定により算定し得ない場合」に該当するものとして第3号の規定に基づき、実労働日当りの賃金額を過去の当該事業場の労働時間数等を勘案して通常の労働に対する賃金額に修正して算定すること。なお上記(2)の(イ)及び(ロ)算定方法についても同様

に取扱うこと。

(4) （告示第1号、第2号によって算定することを不適当として決定申請した場合）＝（告示第3号後段）

第3号の「当該日雇労働者若しくは当該使用者が前2号の規定により算定することを不適当と認め申請した場合」には次によること。

(イ) （過去1カ月以上3カ月以内の本人の賃金が明らかである場合）

算定事由発生日前1カ月以上3カ月以下の期間について当該日雇労働者に支払われた賃金（当該事業場以外の事業場において同一又は類似の業務に従事した場合に支払われた賃金を含む。）の額が申請者の提出した資料等によって明らかであるときは、その賃金の総額をその期間の総日数で除した金額とすること。

〈具体例〉

1カ月以上3カ月以下の期間の賃金支払総額÷その期間の総日数

(ロ) （(イ)以外の場合）

(イ)以外の場合には、告示第1号又は第2号に規定する算定方法により算定するが、上記(3)に該当すると認められる場合は、その算定方法によること。

➡ 事例30 （108ページ）

8 │ 第1項ないし第6項によって算定し得ない場合

労働基準法第12条第8項

第1項乃至第6項によつて算定し得ない場合の平均賃金は、厚生労働大臣の定めるところによる。

労働省告示第5号（第1項乃至第6項によつて算定し得ない場合の平均賃金算定方法）

（昭24.4.11 改正：平12.12.25）

労働基準法（昭和22年法律第49号）第12条第8項の規定に基き、同条第1項乃至第6項の規定（昭和22年厚生省令第23号労働基準法施行規則第3条及び第4条の規定を含む。）によつて算定し得ない場合の平均賃金を次のように

定める。

第1条 　使用者の責に帰すべからざる事由によつて休業した期間が平均賃金を算定すべき事由の発生した日以前3箇月以上にわたる場合の平均賃金は、都道府県労働局長の定めるところによる。

第2条 　都道府県労働局長が労働基準法第12条第1項乃至第6項によつて算定し得ないと認めた場合の平均賃金は、厚生労働省労働基準局長の定めるところによる。

労働基準法施行規則第3条 （平均賃金）

　試の使用期間中に平均賃金を算定すべき事由が発生した場合においては、法第12条第3項の規定にかかわらず、その期間中の日数及びその期間中の賃金は、同条第1項及び第2項の期間並びに賃金の総額に算入する。

労働基準法施行規則第4条

　法第12条第3項第1号から第4号までの期間が平均賃金を算定すべき事由の発生した日以前3箇月以上にわたる場合又は雇入れの日に平均賃金を算定すべき事由の発生した場合の平均賃金は、都道府県労働局長の定めるところによる。

　常用労働者の平均賃金は、原則として、労働基準法第12条第1項から第6項までの規定によって算定されることとなりますが、中には第1項から第6項までに規定する方法によっては、その平均賃金を算定し得ない場合もあり得ます。このような場合の平均賃金については、法第12条第8項は、厚生労働大臣がこれを定めることとしています。

　「算定し得ない場合」とは、文字どおり算定することが技術上不可能な場合のみならず、第1項から第6項までの規定によって算定することが著しく不適当な場合をも含むと解されています。

　なお、第8項に該当する事案については、施行規則第3条により、試の期間中の平均賃金に関する算定方法が示されているほか、施行規則第4条及び昭和24年労働省告示第5号によって、都道府県労働局長又は厚生労働省労働基準局長にその権限が委任されています。

① 試用期間中の平均賃金

　試の使用期間中に算定事由が発生した場合には、労働基準法第12条第1項ないし第6項の規定によって平均賃金を算定することは不可能です。よって、このような場合においては、その期間中の日数及びその期間中の賃金で平均賃金を算定することとされています。　　　　　　　　　　　　　　　　　（労働基準法施行規則第3条）

　➡ 事例31 （109ページ）

② 除外期間が過去3カ月以上にわたる場合の平均賃金

　法第12条第3項第1号から第4号に規定する控除期間が平均賃金を算定すべき事由の発生した日以前3カ月以上にわたる場合は、当該控除期間の最初の日をもって、平均賃金を算定すべき事由の発生した日とみなし平均賃金を算定することとされています。　　　　　　　　　　　　　　　　（昭22.9.13　発基第17号、140ページ）

　➡ 事例32 （110ページ）

　なお、法第12条第3項各号の期間が長期にわたったため、「（その）期間中に当該事業場において、賃金水準の変動が行われた場合には、平均賃金を算定すべき事由の発生した日に当該事業場において同一業務に従事した労働者の1人平均の賃金額により、これを推算すること」（昭22.9.13　発基第17号）とされています。ここで、**「賃金水準の変動が行われた場合」**とは、原則として平均賃金算定事由発生日（賃金締切日がある場合においては直前の賃金締切日）以前3カ月間における当該事業場（例えば工具、職員別にする等適当な範囲を定めることができる）の実際支払賃金の総額を労働者の延人員数で除した額と、上記発基第17号により平均賃金を算定すべき事由の発生したとみなされる日（賃金締切日がある場合においては直前の賃金締切日）以前3カ月間におけるそれとを比較して、その差が概ね10%以上ある場合をいいます。

〈具体例〉

$$\frac{\text{算定事由発生日前3カ月間の実際支払賃金}\div\text{延労働者数}}{\text{算定事由の発生したとみなされる日前3カ月間の実際支払賃金}\div\text{延労働者数}} \times 100 = ○\%$$

　また**「1人平均の賃金額により、これを推算する」**とは、平均賃金算定事由発生日以前3カ月間に同一業務に従事した労働者に対して、当該3カ月間に支払われた

賃金の総額（臨時に支払われた賃金、３カ月を超える期間ごとに支払われる賃金及び法令もしくは労働協約の別段の定めによらず支払われた通貨以外のものを除く。）を、その労働者数と当該３カ月の暦日数との積で除して得た額をいいます。

〈具体例〉

$$\frac{\text{算定事由発生日前３カ月間の同一業務従事労働者}}{\text{当該３カ月間の労働者数×当該３カ月間の暦日数}} = \frac{\text{１人平均の賃金額により推算した平均賃金}}{} = A$$

（算定事由発生日前３カ月間の同一業務従事労働者の賃金支払総額（平均賃金算定基礎に入る賃金））

なお、上記によって算定した金額が平均賃金として妥当を欠く場合には、上記によって算定した金額と、平均賃金を算定すべき事由の発生したとみなされる日以前３カ月間に同一業務に従事した労働者について上記に準じて算定した金額との比率を求め、平均賃金を算定すべき事由の発生したとみなされる日を起算日とする当該労働者の平均賃金の額に、当該比率を乗じて得た金額をもって、その平均賃金とすることができます。

〈具体例〉

$$\frac{A}{\text{算定事由発生とみなされる日前についてAに準じて算定した１人平均の平均賃金額}} \times \frac{\text{算定事由発生とみなされる日を起算日とする当該労働者の平均賃金額}}{} = \frac{\text{妥当と認められる本人の平均賃金}}{}$$

さらに「**同一業務に従事した労働者**」とは、原則として、職務上の最小単位の業務に属する労働者で、その業務に従事した者をいいます。

（昭26.3.26 基発第184号、昭33.2.13 基発第90号、**139ページ**）

３ 雇い入れ当日の平均賃金

雇い入れの日に平均賃金を算定すべき事由が発生した場合には、当該労働者に対し一定額の賃金が予め定められている場合にはその額により推算し、未定の場合は、その日に当該事業場において、同一業務に従事した労働者の１人平均の賃金額により推算することとされています。

〈具体例〉

(1) 一定額の賃金が予め定められている場合

① 一定額の賃金が日額で定められている場合

予め定められた日額 × 当該労働者に予定された稼働率又は雇い入れの日前3カ月間の当該事業場の同種労働者の稼働率

（稼働率が不明の場合は、日額×$\dfrac{6}{7}$）

② 一定額の賃金が月額で定められている場合（欠勤等により減額されない場合）

（月額×3）÷雇い入れ当日前3カ月の暦日数

(2) 一定額の賃金が予め定められていない場合

当該事業場において同一業務に従事した労働者の1人平均の賃金額により推算します。

$$\dfrac{\text{雇い入れ当日（賃金締切日がある場合は直前の賃金締切日）前3カ月間に同一業務に従事した労働者に支払われた賃金の総額}}{\text{同一業務に従事した労働者数×当該3カ月間の暦日数}}$$

（昭22.9.13　発基第17号、昭26.3.26　基発第184号、昭33.2.13　基発第90号、昭45.5.14　基発第375号、**138、139、150**ページ）

❹ 昭和24年労働省告示第5号による平均賃金

(1) **使用者の責に帰すべからざる事由による休業期間が算定事由発生日以前3カ月以上にわたる場合**

使用者の責に帰すべからざる事由による休業が算定事由発生日以前3カ月以上にわたる場合（告示第1条に規定する場合）における平均賃金決定基準は、昭22.9.13　発基第17号「施行規則第4条の基準」（使用者の責に帰すべき事由による休業が算定事由発生日以前3カ月以上にわたる場合）を準用します。

（昭24.4.11　基発第421号、**141**ページ）

(2) **その他第1項ないし第6項によって算定し得ない場合**

第1項ないし第6項によって「算定し得ない場合」のうち、施行規則第3条及び第4条並びに告示第5号第1条の各規定に該当するものについては、以上述べたところによってそれぞれに解決が図られていますが、これらの諸規定に

よってもなお救済し得ない事例について、告示第5号第2条は、「厚生労働省労働基準局長の定めるところによる」としてその決定を包括的に厚生労働省労働基準局長（以下「本省局長」という。）に委任しています。

　本省局長はこの規定によって、特定の場合の平均賃金につき、その算定方法を決定することもできるし、また、個々の具体的事案についてその平均賃金（の金額）を定めることもできることとなっています。

　本省局長が算定方法を決定し、これを都道府県労働局長に事務委任したもの（したがって、都道府県労働局長は、この算定方法によって平均賃金を決定し得ることとなる。）には、次のようなものがあります。

●無協約の実物給与がある場合

　賃金の一部又は全部が労働協約によらず通貨以外のもので支払われ、且つ、過去一定期間に支払われた貨幣賃金の総額をその期間の総日数で除して得た額が、同期間に支払われた実物給与（通貨による賃金の代りに支給される物その他の利益をいう。）の総評価額（公定小売価格、これに準ずる統制価格、又は市場価格の平均額による。）との合算額をその期間の所定労働日数で除して得た金額の100分の60を著しく下る場合の平均賃金の計算額は、次に定める方法によって算定した金額となります。

$$\dfrac{\dfrac{\text{一定期間の貨幣賃金の総額}}{\text{その期間の総日数}}\ (\text{1生活日当たり})}{\dfrac{\text{一定期間の貨幣賃金の総額＋実物給与の総評価額}}{\text{その期間の所定労働日数}}} < \dfrac{60}{100}$$

　平均賃金の計算額は、次の(1)によって算出した実物給与（通貨による賃金の代りに支給される物その他の利益をいう。以下同じ。）の暦日1日当たり評価額、又はその評価額と次の(2)によって算出した通貨による賃金の暦日1日当たり金額との合算額とされます。

(1)　実物給与の1日当たり評価額

　①　食事の評価（次の中最も実情に適するものを暦日1日当たりの評価額とする）

　　Ⅰ　使用者宅の家計簿、食料費より消費単位を用いて労働者1人分を算定する。

$$\begin{matrix}\text{過去3カ月間の労働者}\\ \text{1人分の食料費総額}\end{matrix} = \begin{bmatrix}\text{過去3カ月間の家計}\\ \text{簿上の食料費総額}\end{bmatrix} \times \dfrac{\text{当該労働者の消費単位}}{\begin{matrix}\text{その家計に属する者の}\\ \text{消費単位の合計}\end{matrix}}$$

消費単位表

満年齢	男子	女子	満年齢	男子	女子
0〜1歳	0.3	0.3	11〜14歳	0.8	0.8
2〜4歳	0.4	0.4	15〜20歳	0.9	0.9
5〜7歳	0.5	0.5	21歳以上	1.0	0.9
8〜10歳	0.7	0.7			

Ⅱ　使用者等より聴取した労働者1人分の実際消費量よりそのために要する実際費用を算定する。

Ⅲ　当該事業場の同種労働者についてⅠ又はⅡの計算を行う。

Ⅳ　事業所所在の地区における同種同規模の事業場において同一業務に従事する者についてⅠ又はⅡの計算を行い、その1人平均額を求める。

Ⅴ　家計調査（C．P．S等）により1人分の食料費を算定する。

〈算定例〉　過去一定期間の家計調査食料費総額　＝F
家計調査の平均世帯人員数　＝4.7人
5人世帯の平均消費単位　＝4.06
当該労働者の年齢及び性別　＝18歳男子
同上消費単位　＝0.9　　とすれば

当該労働者の過去一定期間における食料費総額 f は

$$\underbrace{F \times \dfrac{5}{4.7}}_{\text{5人世帯に換算}} \times \underbrace{\dfrac{1}{4.06}}_{\text{1消費単位}} \times 0.9 = f$$

求める食事の実物給与の1日当たり評価額は

$$f \times \dfrac{1}{\text{過去一定期間の総日数}}$$

世帯人員別消費単位表

世帯人員	平均消費単位	世帯人員	平均消費単位
2人	1.89	5人	4.06
3人	2.59	6人	4.81
4人	3.24	7人	5.69

Ⅵ　生活水準、物価の地区差を勘案して、家計調査より1人分の食料費を算定する。

Ⅶ　通貨を支給せしめたら使用者が支払ったであろうと認められる金額から推定する。

② 住込の利益の評価（次によって得た額を暦日1日当たりの評価額とする）

　Ⅰ　居宅又は近隣の同種同程度の居室の賃貸価格の30分の1。

　Ⅱ　2人以上の同居の時は、更にⅠの按分額とする。

　Ⅲ　Ⅰ、Ⅱにより難い場合は、使用者の評価、住宅扶助基準月額等より推定する。

③ その他の物又は利益の評価

　Ⅰ　慣習的に労働の対償として支給されている場合に限り、その実際費用により暦日1日分を推定する。

　Ⅱ　自家製品は通貨の代替給付である場合に限り、生産者の平均売渡価格をもって評価する。

　Ⅲ　上記Ⅰ、Ⅱに掲げる物又は利益が、随時又は年間特定時期に支給される場合であってその評価額を平均賃金の基礎に算入することが適当であると認められる場合には、原則として算定事由発生日以前1カ月間に支給された物又は利益の総評価額を当該期間の総日数で除した金額をその暦日1日当たり評価額とする。

(2) 通貨による賃金の暦日1日当たり金額

　通貨によって支給される賃金については、以下の各号の計算によって得た金額を暦日1日当たりの金額とすること。ただし通貨による賃金の部分が、通達記の2について定める計算方法に該当する場合は、それによること。

　臨時に支払われる賃金及び3カ月を超える期間毎に支払われる賃金は、原則として平均賃金の算定基礎から除外すべきであるが、毎月支払われるべき賃金の一部が、例えば年間の特定時期に数カ月分を一括して支払われる定めになっていて、それらを除外すれば平均賃金が著しく低額となる場合には、上にかかわらずそれらの賃金を算入すること。

　なお、使用者から支給されることが既に恒常的な慣習となっていて、労働者にそれに対する期待権を生じているような金銭については、たとえその支給が労働契約等に明らかに定められていない場合であっても、賃金として取扱って差支えない。

　Ⅰ　月もしくは月より短い一定の期間によって定められている賃金については、法第12条第1項ないし第6項に定める方法によって計算する。

　Ⅱ　月より長い期間によって定められる賃金及び年間の特定時期に支給される賃金は、算定事由の発生した日以前1カ年間（季節的労働者については当該季節の期間）に支給されたその種の賃金の総額（当該期間の中途で雇い入れられた場合は、実際に受けたこの種の賃金の総額と、その者が当該期間の初日に雇い

入れられていたとした場合支給を受けたであろうと認められるこの種の賃金の推定額）との合算額を同期間の総日数で除す。

Ⅲ　上記Ⅰ及びⅡの賃金が併給される場合に、過去3カ月間に支給されたⅠの賃金の総額を同期間の総所定労働日数で除した商と、Ⅱの賃金総額をⅡに定める期間における総所定労働日数で除した商との和の100分の60が、Ⅰの計算によって得た金額より高くなる場合には、Ⅰ及びⅡにかかわらず、上の100分の60の金額をもって通貨による賃金の暦日1日当たりの金額とする。

（昭29.1.15　基発第1号、**148ページ**）

●**賃金の総額が不明の場合**

賃金額について明確な定めがなされていないか、又はなされていても雇い入れ後の期間が短いため実際に受けるべき賃金額が明らかでない場合、もしくは賃金台帳等、支払賃金額についての記録が明らかでない場合の平均賃金の計算額は下の各号の一（(1)及び(2)のⅠ以下の計算方法は適当なものまで繰り下げて適用）によって算出した金額となります。

(1)　賃金額未確定の場合

Ⅰ　算定事由の発生した日又はその日の属する賃金算定期間もしくは最近の賃金算定期間の当該事業所の同種労働者の1人平均額より推算する。

Ⅱ　同種同規模事業場（同一地域における）の同種労働者の1人平均額より推算する。

Ⅲ　一定条件において前事業場で受けた賃金額より推算する。

Ⅳ　1組の労働者に一括して支払われている場合には、個々の労働者の経験年数、能力、生産高、実働日数、年齢等を勘案し1人分を推算する。

Ⅴ　使用者が推定した金額が当該地方の一般賃金水準又は生活水準、物価事情等から妥当と認められる場合には、その金額により推算する。

Ⅵ　従事した職業につき告示による平均賃金等の定めがある場合にはその金額。

(2)　記録滅失等の場合

Ⅰ　本人又は家族が記録等している金額。

Ⅱ　使用者の明確な記憶がある場合は、その金額。

Ⅲ　1組の労働者に一括して支払われている場合は、個々の労働者の能率（前記(1)のⅣと同様）を勘案し1人分を推算する。

Ⅳ　税務署、社会保険関係帳簿より調査算定する。

Ⅴ　出来高払制の賃金について取引先、親会社等の帳簿より1人分の出来高を推算し、それより更に1人分の賃金額を推算する。

（昭29.1.15 基発第 1 号、**148ページ**）

●**算定事由発生日以前 3 カ月（算定期間）以上組合に専従している者の平均賃金**＝告示第 5 号の第 1 条の規定により、組合専従のための休業期間の最初の日を以って平均賃金を算定すべき事由の発生した日とみなして算定する。 （昭24.8.19 基収第1351号、**174ページ**）

●**組合専従者が復職した場合の平均賃金**＝告示第 5 号の第 2 条によるが、復帰後の賃金及び日数について法第12条第 1 項の方法により算定する。
（昭25.1.18 基収第129号、昭25.12.28 基収第3450号、昭33.2.13 基発第90号、**174、175ページ**）

●**算定期間中に組合専従期間と在職期間が混在してある場合の平均賃金**＝告示第 5 号の第 2 条によるが、専従期間中の賃金及び日数を控除した残余の期間と賃金により算定する。 （昭25.5.19 基収第621号、**175ページ**）

●**非専従組合員が臨時に組合用務に就いた期間中の平均賃金算定上の取扱い**＝労働協約の明文に基づいて組合事務に専従する場合の平均賃金の算定については、昭25.5.19 基収第621号に準ずる。
（昭26.8.18 基収第3783号、**176ページ**）

●**算定期間中に争議行為のある場合**＝労働争議により正当な罷業・怠業又は正当な事業閉鎖のため休業した場合は、その期間及び賃金は平均賃金算定から控除する。 （昭29.3.31 28基収第4240号、**176ページ**）

➡ 事例33 （111ページ）

●**算定期間中に日給より月給に修正された月が含まれる場合**＝告示第 5 号の第 2 条によるが、次の算定方法による額を下らない限り法第12条第 1 項の方法による。算定期間については 3 カ月の暦日数に最も近い期間をとること。 （昭25.7.24 基収第563号、**155ページ**）

t_1 （日給期間）
t_1' （日給期間中の実労働日数）
t_2 （月給期間） とすれば
w_1 （日給総額）
w_2 （月給総額）

※ただし、t_1とt_2は異なる時期の期間である

$$\frac{\left\{\dfrac{w_1}{t_1'} \times \dfrac{60}{100} \times t_1\right\} + \left\{\dfrac{w_2}{t_2} \times t_2\right\}}{t_1 + t_2}$$

●算定事由発生日の直前の賃金締切日以前３カ月間は私病欠勤であるが、再
　出勤後算定事由発生日までの24日のうち20日間稼働している場合＝告
　示第５号の第２条によるが、算定方法としては出勤以降の賃金及び日数
　について、法第12条第１項の方法を適用する。

（昭25.12.28　基収第4197号、**157**ページ）

　➡ 事例34 （112ページ）

●算定事由発生日直前の賃金締切日以前３カ月間が業務上の負傷による休業
　と自己都合による休業で、再出勤以降の期間が７日、稼働日が６日の場
　合＝告示第５号の第２条によるが、計算方法は昭25.12.28　基収第4197
　号と同様に行う。

（昭26.12.27　基収第4526号）

●算定事由発生日直前の賃金締切日以前３カ月間は私病による休業であるが、
　その間に家族手当のみ月1,600円ずつ支給され、再出勤以降の日数は９
　日で稼働日が８日の場合＝告示第５号の第２条によるが、計算方法は昭
　25.12.28　基収第4197号と同様に行う。

（昭26.12.27　基収第5942号、**159**ページ）

　➡ 事例35 （113ページ）

●賃金の全部又は一部が月によって定められ、かつその期間中の欠勤日数に
　応じての減額がなく、しかも平均賃金の算定期間が１賃金算定期間に満
　たないとき＝
　⑴　賃金の全部が月によって定められている場合には、その賃金を30で
　　　除した金額
　⑵　賃金の一部が月によって定められている場合には、その賃金を30で
　　　除した金額とその他の賃金について法第12条により算定した金額を合
　　　算した金額　　　　　　　（昭45.5.14　基発第375号、**150**ページ）

　➡ 事例34 （112ページ）
　➡ 事例35 （113ページ）

●平均賃金の算定期間が２週間未満で満稼働の場合又は通常の算定方法によ
　れば著しく不適当なものとなる場合＝雇い入れ後発生まで２週間未満
　（法第12条第３項の控除期間及び同条第８項に基づく通達により控除さ
　れる期間を除いた期間が２週間未満も含む）については次の⑴又は⑵に
　掲げるものの平均賃金は、それぞれ次によって算定した額とする。

(1)　算定期間中満稼働の者

$$\frac{当該算定期間中に支払われた賃金総額}{その期間中の総日数} \times \frac{6}{7}$$

➡ 事例36 （114ページ）

(2)　算定基礎となる賃金が、短時間就労、長時間残業、その他通常の労働と著しく異なる労働に対する賃金であるため、著しく不適当なものとなる者については、同種労働者の労働時間数（同種労働者不在のときは、予定又は推定労働時間数）等を勘案して、通常の労働に対する賃金額に修正して算定した金額。

（昭45.5.14　基発第375号、150ページ）

●雇い入れ後3カ月に満たない者で賃金締切日より計算すると未だ1賃金締切期間（1カ月を下らない期間）に満たなくなる場合＝告示第5号の第2条により事由の発生日から計算を行う。

（昭27.4.21　基収第1371号、150ページ）

➡ 事例37 （115ページ）

●いわゆる月給日給制の場合の平均賃金

　　賃金の一部もしくは全部が月、週その他一定の期間によって定められ、且つ、その一定の期間中の欠勤日数もしくは欠勤時間数に応じて減額された場合の平均賃金（算定期間が4週間に満たないものを除く）が、下の各号の一によってそれぞれ計算した金額の合計額に満たない場合には、都道府県労働局長が下の各号の一によってそれぞれ計算した金額の合計をもってその平均賃金とする。

1　賃金の一部が、労働した日もしくは時間によって算定され、又は出来高払制によって定められた場合においては、その部分の総額をその期間中に労働した日数で除した金額の100分の60（日給、時間給等の部分）

2　賃金の一部もしくは全部が、月、週その他一定の期間によって定められ、且つ、その一定の期間中の欠勤日数もしくは欠勤時間数に応じて減額された場合においては、欠勤しなかった場合に受けるべき賃金の総額をその期間中の所定労働日数で除した金額の100分の60（日給月給等の部分）

3　賃金の一部が月、週その他一定の期間によって定められ、且つ、そ

の一定期間中の欠勤日数もしくは欠勤時間数に応じて減額されなかった場合においては、その部分の総額をその期間の総日数で除した金額（週給、月給等の部分）　　　　（昭30.5.24　基収第1619号、**153**ページ）

➡ 事例38 （116ページ）

●**じん肺にかかった労働者で作業転換の日を算定事由とみなして算定した金額を平均賃金とする場合**＝じん肺の健康管理の区分が管理４に該当するに至った労働者に対する災害補償等にかかる平均賃金については、昭和24年労働省告示第５号第２条の規定に基づき、昭和27年８月19日付基発第604号により算定した金額が、当該労働者がじん肺にかかったため作業の転換をした日を算定事由の発生日として算定した金額に満たない場合には、都道府県労働局長が作業の転換の日を算定事由の発生日として算定した金額をその平均賃金とする。　　　　（昭39.11.25　基発第1305号）

●**じん肺の管理区分が管理４に該当するに至った労働者の平均賃金について算定期間中に明らかにじん肺に関連するとみられる休業期間がある場合**＝平均賃金の算定期間中に明らかにじん肺に関連するとみられる休業期間がある場合には、その休業期間中の日数及び賃金を算定期間及び賃金総額から控除すること。ただし休業期間中に平均賃金の算定事由が発生した場合には、その休業を開始した日を平均賃金を算定すべき事由の発生した日とみなすこと。　　　　（昭45.5.14　基発第375号、**150**ページ）

（なお上記の取扱いは、じん肺の管理４のほか、じん肺法に規定する合併症の場合についても同様である）

●**業務上疾病にかかった場合の平均賃金の算定について**
　　　　（昭50.9.23　基発第556号、昭53.2.2　基発第57号、**165**ページ）

　労働者が業務上疾病の診断確定日に、既にその疾病の発生のおそれのある作業に従事した事業場を離職している場合の災害補償に係る平均賃金の算定方法

〈具体例〉
●労働者がその疾病の発生のおそれのある作業に従事した最後の事業場を離職した日（賃金締切日がある場合には直前の賃金締切日）以前３カ月間に支払われた賃金により算定した金額＝A
●算定事由発生日（診断によって疾病発生が確定した日）までの賃金水準の上昇率＝r
平均賃金＝A×r

＜rの算出方法＞

1　常時100人以上の労働者を使用する事業場の場合

(1)　同一事業場の同種労働者による場合

$$r_1 = \frac{\text{算定事由発生日以前 3 カ月間に同一事業場の同種労働者に対して所定労働時間労働した場合に支払われた通常の賃金（所定内賃金）の 1 カ月 1 人当たりの平均額}}{\text{離職の日以前 3 カ月間の同一事業場の同種労働者の所定内賃金の 1 カ月 1 人当たりの平均額}}$$

(2)　同種労働者がいない場合

$$r_2 = \text{前記}\,r_1\,\text{の同種労働者を当該事業場の全労働者とする}$$

(3)　事業場が既に廃止している場合

$$r_3 = \frac{\text{算定事由発生日の属する月の前々月の厚生労働省毎月勤労統計調査（毎勤調査という）による当該労働者の事業場が属していた産業の定期給与額}}{\text{毎勤調査において、離職日の属する四半期の当該労働者の事業場が属していた産業の 1 カ月平均定期給与額}}$$

2　常時100人未満の労働者を使用する事業場の場合

$$r_4 = \frac{\text{算定事由発生日が属する月の前々月の毎勤調査による産業ごとの定期給与額}}{\text{離職の日が属する四半期の毎勤調査による産業ごとの 1 カ月平均定期給与額}}$$

●業務上疾病にかかった労働者の離職時の賃金額が不明な場合の平均賃金の算定方法＝昭51.2.14　基発第193号通達（166ページ）により算定する。

●業務上疾病にかかった労働者の賃金額が不明である場合の平均賃金の算定において離職時の標準報酬月額が明らかである場合の算定方法＝平22.4.12　基監発0412第 1 号通達（改正：平25.2.22　基監発0222第 1 号、168ページ）により算定する。

●けい肺の場合の平均賃金算定の時期＝労働者が診断確定の日に既にけい肺発生のおそれがある作業場を離れていても、その事業場に引続き在職している場合は、平均賃金は診断確定の日を算定事由発生日として算定する。

（昭27.8.19　基発第604号）

●**業務上疾病にかかった林業労働者の離職時の賃金額が不明な場合の平均賃金の算定方法**＝昭53.2.2　基発第57号通達（**169**ページ）により算出する。

●**以上の方法によっても算定し得ない場合**＝都道府県労働局長の申請をまって厚生労働省労働基準局長が個々の事案について決定することとなりますが、その申請書には次の事項を明らかにした理由書を添付すべきことになっています。　　　　　　　　（昭24.4.11　基発第421号、**141**ページ）

　(1)　適当と認められる平均賃金額及びその計算方法

　(2)　平均賃金を算定すべき事由の発生した経緯

　(3)　事業の名称、内容、所在地及び労働者数

　(4)　当該労働者の氏名、生年月日、就職年月日、職歴及び各職歴における勤続年数、事由発生時の労働態様、過去3カ月間において労働した日数

　(5)　当該労働者に対し支払われている実物給与については、その支給条件、種類毎にその名称、数量、公定価格（又はこれに準ずる統制額）及び当該地方における市場価格の平均、最高、最低額（ただし価格の著しい変動があった場合は、過去3カ月の毎月ごとに明らかにすること）並びに賃金が通貨で支払われたことがある場合には、その期間、支給条件及びその金額

　(6)　当該労働者の利用又は享受しうるその他の施設又は利益

　(7)　当該地方（同一事業内を含む）において、同種労働者に対して異なる形態で賃金が支払われている場合には、その種類ごとにその平均額

　(8)　当該労働者の平均賃金算定に関係ある一般的協定がある場合には、必要な協定事項

　(9)　その他参考となる事項

●**平均賃金の算定期間中に、育児・介護休業法第2条第1号に規定する育児休業以外の育児休業の期間がある場合の取扱いに関するもの**＝昭和24年労働省告示第5号第2条の規定に基づき、平均賃金の算定において、その日数及びその期間中の賃金は、基礎となる期間及び賃金の総額から控除するものとすること。　　　　　　　（平3.12.20　基発第712号、**176**ページ）

給付基礎日額の計算事例

※本項で用いる法令名の略称
　労基法……労働基準法
　労災法……労働者災害補償保険法

様式第8号（別紙1）　（表面）

労　働　保　険　番　号					氏　　　　名	災害発生年月日

府県	所掌	管轄	基幹番号	枝番号	山田　太郎	4 年 5 月 13 日
9 9	1	0 1	1 2 3 4 5 6			

この欄には、労働日数等に関係なく一定の期間によって支払われた賃金を記入します。

平均賃金算定内訳

(労働基準法第12条参照のこと。)

雇　入　年　月　日			10 年 4 月 1 日			常用・日雇の別		常用・日雇	
賃　金　支　給　方　法			月給・週給・日給・時間給・出来高払制・その他請負制			賃金締切日		毎月 末	

賃金締切日を記入します。

災害発生日の直前の賃金締切日から遡って過去3カ月間が平均賃金算定期間となりますので、当該期間における賃金計算期間を記入します。

		賃 金 計 算 期 間	2月 1 日から 2月 28 日まで	3月 1 日から 3月 31 日まで	4月 1 日から 4月 30 日まで	計	
A	月・週その他一定の期間によって支払ったもの	総　日　数	28 日	31 日	30 日 (イ)	89 日	
		賃金 基本賃金	300,000 円	300,000 円	300,000 円	900,000 円	
		手当	12,000	12,000	12,000	36,000	
		手当	10,000	10,000	10,000	30,000	
		計	322,000 円	322,000 円	322,000 円 (ロ)	966,000 円	
		賃 金 計 算 期 間	2月 1 日から 2月 28 日まで	3月 1 日から 3月 31 日まで	4月 1 日から 4月 30 日まで	計	
B	日若しくは時間又は出来高払制その他の請負制によって支払ったもの	総　日　数	28 日	31 日	30 日 (イ)	89 日	
		労 働 日 数	19 日	22 日	21 日 (ハ)	62 日	
		賃金 基本賃金	円	円	円	円	
		残業手当	35,000	27,000	33,000	95,000	
		手当					
		計	35,000 円	27,000 円	33,000 円 (ニ)	95,000 円	
総		計	357,000 円	349,000 円	355,000 円 (ホ)	1,061,000 円	

該当する賃金計算期間中に実際に労働した日数を記入します。

この欄には、労働日数、労働時間数等に応じて支払われた賃金を記入します。

平　均　賃　金	賃金総額(ホ) 1,061,000 円÷総日数(イ) 89 = 11,921 円 34 銭

両者を比較して、いずれか高い方が平均賃金とされますので本例の場合の平均賃金は11,921円34銭となります。

最低保障平均賃金の計算方法

Aの(ロ)　966,000 円÷総日数(イ) 89 ＝　10,853 円 93銭(ヘ)

Bの(ニ)　95,000 円÷労働日数(ハ) 62 × $\frac{60}{100}$ ＝　919 円 35銭(ト)

(ヘ)　10,853 円 93銭＋(ト) 919 円35銭 ＝　11,773 円 28銭(最低保障平均賃金)

日日雇い入れられる者の平均賃金（昭和38年労働省告示第52号による。）	第1号又は第2号の場合	賃 金 計 算 期 間	(リ) 労働日数又は労働総日数	(ヌ) 賃 金 総 額	平均賃金(ヌ÷(リ)×$\frac{73}{100}$)
		月 日から 月 日まで	日	円	円 銭
	第3号の場合	都道府県労働局長が定める金額			円
	第4号の場合	従事する事業又は職業			
		都道府県労働局長が定めた金額			円
漁業及び林業労働者の平均賃金（昭和24年労働省告示第5号第2条による。）	平均賃金協定額の承認年月日　　年　月　日 職種　　　　平均賃金協定額　　　　円				

①　賃金計算期間のうち業務外の傷病の療養等のため休業した期間の日数及びその期間中の賃金を業務上の傷病の療養のため休業した期間の日数及びその期間中の賃金とみなして算定した平均賃金

　　（賃金の総額(ホ)－休業した期間にかかる②の(リ)）÷（総日数(イ)－休業した期間②の(チ)）

　　（　　　　　円－　　　　　円）÷（　　　　　日－　　　　　日）＝　　　　　円　　　　銭

事例1 賃金締切日に算定事由が発生した場合（43ページ）

様式第8号（別紙1）　（表面）

◆夏季手当は加熱炉作業をしており夏場（6.7.8月）は暑いのでそれに対し出勤1日について100円支給され、支給条件は就業規則にて予め定められている。

なお、この例は災害発生は令4.11.30（賃金締切日）であるから直前の賃金締切日（10月31日）から3カ月をとるので11月は算定期間に含まれない。

なお、算定事由が、残業時間中に発生した場合であっても同様である。

〈昭24.7.13基収第2044号〉

労　働　保　険　番　号						氏　　　　　名	災害発生年月日
府県	所掌	管轄	基幹番号	枝番号		山田　太郎	4 年 11 月 30 日
9 9	1	0 1	1 2 3 4 5 6				

平均賃金算定内訳

（労働基準法第12条参照のこと。）

雇　入　年　月　日	29 年 4 月 1 日		常用・日雇の別		(常用)・日雇			
賃　金　支　給　方　法	(月給)・週給・(日給)・時間給・出来高払制・その他請負制				賃金締切日 毎月 末 日			

A 月・週その他一定の期間によって支払ったもの

	賃金計算期間	8月1日から 月31日まで	9月1日から 月30日まで	10月1日から 月31日まで	計
	総　日　数	31 日	30 日	31 日	(イ) 92 日
賃金	基本賃金	円	円	円	円
	家族手当	8,000	8,000	8,000	24,000
	手当				
	社保保険料補助	400	400	400	1,200
	計	8,400 円	8,400 円	8,400 円	(ロ) 25,200 円

B 日若しくは時間又は出来高払制その他の請負制によって支払ったもの

	賃金計算期間	8月1日から 月31日まで	9月1日から 月30日まで	10月1日から 月31日まで	計
	総　日　数	31 日	30 日	31 日	(イ) 92 日
	労　働　日　数	20 日	24 日	24 日	(ハ) 68 日
賃金	基本賃金	320,000 円	384,000 円	384,000 円	1,088,000 円
	夏季手当	2,000			2,000
	手当				
	計	322,000 円	384,000 円	384,000 円	(ニ) 1,090,000 円

総　　　計	330,400 円	392,400 円	392,400 円	(ホ) 1,115,200 円

平　均　賃　金	賃金総額(ホ) 1,115,200 円÷総日数(イ) 92 = 12,121 円 73 銭

最低保障平均賃金の計算方法

Aの(ロ)　25,200 円÷総日数(イ) 92 = 273 円 91 銭 (ヘ)

Bの(ニ)　1,090,000 円÷労働日数(ハ) 68 × $\frac{60}{100}$ = 9,617 円 64 銭 (ト)

(ヘ)　273 円 91 銭+(ト)9,617 円64銭 = 9,891 円 55 銭（最低保障平均賃金）

日日雇い入れられる者の平均賃金（昭和38年労働省告示第52号による。）	第1号又は第2号の場合	賃金計算期間	(い) 労働日数又は労働総日数	(ろ) 賃金総額	平均賃金 (ろ÷(い)×$\frac{73}{100}$)
		月 日から 月 日まで	日	円	円 銭
	第3号の場合	都道府県労働局長が定める金額			円
	第4号の場合	従事する事業又は職業			
		都道府県労働局長が定めた金額			円

漁業及び林業労働者の平均賃金（昭和24年労働省告示第5号第2条による。）	平均賃金協定額の承認年月日 年 月 日 職種 平均賃金協定額 円

① 賃金計算期間のうち業務外の傷病の療養等のため休業した期間の日数及びその期間中の賃金を業務上の傷病の療養のため休業した期間の日数及びその期間中の賃金とみなして算定した平均賃金

（賃金の総額(ホ)−休業した期間にかかる②の(リ)）÷（総日数(イ)−休業した期間②の(チ)）

（　　　　円−　　　　円）÷（　　　日−　　　日）=　　　円　　　銭

様式第8号（別紙1）　（表面）

労　働　保　険　番　号					氏　　　　名	災害発生年月日
府県 所掌 管轄	基 幹 番 号	枝番号			山田　太郎	4 年 3 月 15 日
9 9 1 0 1	1 2 3 4 5 6					

平均賃金算定内訳

(労働基準法第12条参照のこと。)

雇 入 年 月 日	27 年 6 月 21 日	常用・日雇の別	(常用)・日雇
賃金支給方法	(月給)・週給・(日給)・時間給・出来高払制・その他請負制	賃金締切日	毎月20(基本給)末(残業手当)日

<table>
<tr><td colspan="3"></td><td>賃 金 計 算 期 間</td><td>11 月 21 日から
12 月 20 日まで</td><td>12 月 21 日から
1 月 20 日まで</td><td>1 月 21 日から
2 月 20 日まで</td><td colspan="2">計</td></tr>
<tr><td rowspan="6">A</td><td colspan="2" rowspan="6">月・週その他一定の期間によって支払ったもの</td><td>総 日 数</td><td>30 日</td><td>31 日</td><td>31 日</td><td>(イ)</td><td>92 日</td></tr>
<tr><td rowspan="5">賃

金</td><td>基 本 賃 金</td><td>380,000 円</td><td>380,000 円</td><td>380,000 円</td><td></td><td>1,140,000 円</td></tr>
<tr><td>手 当</td><td></td><td></td><td></td><td></td><td></td></tr>
<tr><td>手 当</td><td></td><td></td><td></td><td></td><td></td></tr>
<tr><td></td><td></td><td></td><td></td><td></td><td></td></tr>
<tr><td>計</td><td>380,000 円</td><td>380,000 円</td><td>380,000 円</td><td>(ロ)</td><td>1,140,000 円</td></tr>
<tr><td colspan="3"></td><td>賃 金 計 算 期 間</td><td>12 月 1 日から
月 31 日まで</td><td>1 月 1 日から
月 31 日まで</td><td>2 月 1 日から
月 28 日まで</td><td colspan="2">計</td></tr>
<tr><td rowspan="7">B</td><td colspan="2" rowspan="7">日若しくは時間又は出来高払制その他の請負制によって支払ったもの</td><td>総 日 数</td><td>31 日</td><td>31 日</td><td>28 日</td><td>(イ)</td><td>90 日</td></tr>
<tr><td>労 働 日 数</td><td>24 日</td><td>21 日</td><td>23 日</td><td>(ハ)</td><td>68 日</td></tr>
<tr><td rowspan="5">賃

金</td><td>基 本 賃 金</td><td>円</td><td>円</td><td>円</td><td></td><td>円</td></tr>
<tr><td>残 業 手 当</td><td>25,704</td><td>42,840</td><td>29,988</td><td></td><td>98,532</td></tr>
<tr><td>手 当</td><td></td><td></td><td></td><td></td><td></td></tr>
<tr><td></td><td></td><td></td><td></td><td></td><td></td></tr>
<tr><td>計</td><td>25,704 円</td><td>42,840 円</td><td>29,988 円</td><td>(ニ)</td><td>98,532 円</td></tr>
<tr><td colspan="3">総　　　　　計</td><td></td><td>405,704 円</td><td>422,840 円</td><td>409,988 円</td><td>(ホ)</td><td>1,238,532 円</td></tr>
<tr><td colspan="3">平 均 賃 金</td><td>賃金総額(ホ)</td><td colspan="2">1,140,000 円÷総日数(イ) 92 =
98,532　　　　　　　　90</td><td colspan="3">12,391 円 30 銭
1,094　　 80</td></tr>
</table>

最低保障平均賃金の計算方法

Aの(ロ) 　1,140,000 円÷総日数(イ) 92 ＝ 　　　　12,391 円 30 銭(ヘ)

Bの(ニ) 　　98,532 円÷労働日数(ハ) 68×$\frac{60}{100}$ ＝ 　　869 円 40 銭(ト)

(ヘ) 12,391 円 30 銭+(ト) 869 円40銭 ＝ 　13,260 円 70 銭(最低保障平均賃金)

日日雇い入れられる者の平均賃金（昭和38年労働省告示第52号による。）	第1号又は第2号の場合	賃金計算期間	(リ) 労働日数又は労働総日数	(ヌ) 賃金総額	平均賃金(ヌ÷(リ)×$\frac{73}{100}$)
		月 日から 月 日まで	日	円	円 銭
	第3号の場合	都道府県労働局長が定める金額			円
	第4号の場合	従事する事業又は職業			
		都道府県労働局長が定めた金額			円

漁業及び林業労働者の平均賃金（昭和24年労働省告示第5号による。）	平均賃金協定額の承認年月日	年 月 日 職種	平均賃金協定額	円

① 賃金計算期間のうち業務外の傷病の療養等のため休業した期間の日数及びその期間中の賃金を業務
　　上の傷病の療養のため休業した期間の日数及びその期間中の賃金とみなして算定した平均賃金
　　（賃金の総額(ホ)－休業した期間にかかる②の(リ)）　÷　（総日数(イ)－休業した期間②の(チ)）
　　（　　　　　　円－　　　　　円）÷（　　　　日－　　　　日）＝　　　円　　　銭

事例3	賃金締切日が変更される場合（44ページ）

様式第8号（別紙1）　（表面）

◆ **本例は賃金締切日が25日であったものが12月より20日に変更された場合である。このように賃金締切日が変更された場合は3カ月の暦日数に最も近い日数を算定期間とする。**

〈昭25・12・28基収第3802号〉

労　働　保　険　番　号					氏　　　　名	災害発生年月日
府県 所掌 管轄	基　幹　番　号	枝番号			山田　太郎	4 年 2 月 18 日
9 9 1 0 1	1 2 3 4 5 6					

平均賃金算定内訳

（労働基準法第12条参照のこと。）

雇入年月日	29 年 6 月 21 日	常用・日雇の別	（常用）・日雇

賃金支給方法	（月給）・週給・（日給）・時間給・出来高払制・その他請負制	賃金締切日	毎月 25 20 日

			賃金計算期間	10月 26 日から 11月 25 日まで	11月 26 日から 12月 20 日まで	12月 21 日から 1月 20 日まで	計	
A	月・週その他一定の期間によって支払ったもの	総　日　数		31 日	25 日	31 日	(イ)	87 日
		賃金	基本賃金	円	円	円		円
			通勤手当	15,300	11,400	15,300		42,000
			精勤手当	5,000		5,000		10,000
			計	20,300 円	11,400 円	20,300 円	(ロ)	52,000 円

			賃金計算期間	10月 26 日から 11月 25 日まで	11月 26 日から 12月 20 日まで	12月 21 日から 1月 20 日まで	計	
B	日若しくは時間又は出来高払制その他の請負制によって支払ったもの	総　日　数		31 日	25 日	31 日	(イ)	87 日
		労　働　日　数		26 日	19 日	22 日	(ハ)	67 日
		賃金	基本賃金	338,000 円	247,000 円	286,000 円		871,000 円
			手当					
			手当					
			計	338,000 円	247,000 円	286,000 円	(ニ)	871,000 円

総　　　計	358,300 円	258,400 円	306,300 円	(ホ)	923,000 円

平　均　賃　金	賃金総額(ホ) 923,000 円÷総日数(イ) 87 ＝ 10,609 円 19 銭

最低保障平均賃金の計算方法

Aの(ロ)	52,000 円÷総日数(イ) 87 ＝	597 円 70 銭 (ヘ)
Bの(ニ)	871,000 円÷労働日数(ハ) 67 × $\frac{60}{100}$ ＝	7,800 円 00 銭 (ト)
(ヘ)	597 円 70 銭+(ト)7,800 円00銭 ＝	8,397 円 70 銭（最低保障平均賃金）

日日雇い入れられる者の平均賃金（昭和38年労働省告示第52号による。）	第1号又は第2号の場合	賃金計算期間 月　日から 月　日まで	(い)労働日数又は労働総日数 日	(ろ)賃金総額 円	平均賃金(ろ÷い× $\frac{73}{100}$) 円　銭
	第3号の場合	都道府県労働局長が定める金額			円
	第4号の場合	従事する事業又は職業			
		都道府県労働局長が定めた金額			円

漁業及び林業労働者の平均賃金（昭和24年労働省告示第5号第2条による。）	平均賃金協定額の承認年月日　　年　月　日　職種　　平均賃金協定額　　円

① 賃金計算期間のうち業務外の傷病の療養等のため休業した期間の日数及びその期間中の賃金を業務上の傷病の療養のため休業した期間の日数及びその期間中の賃金とみなして算定した平均賃金

（賃金の総額(ホ)－休業した期間にかかる②の(リ)）÷（総日数(イ)－休業した期間②の(チ)）

（　　　　　円－　　　　　円）÷（　　　日－　　　日）＝　　　　円　　　銭

様式第8号（別紙1）　（表面）

労　働　保　険　番　号							氏　　　名	災害発生年月日
府県	所掌	管轄	基　幹　番　号		枝番号		山田　太郎	4 年 4 月 15 日
9　9	1	0	1　1　2　3　4　5　6		： ： ：			

平均賃金算定内訳

(労働基準法第12条参照のこと。)

雇 入 年 月 日				27 年 9 月 3 日		常用・日雇の別		(常用)・日雇	
賃 金 支 給 方 法				(月給)・週給・(日給)・時間給・出来高払制・その他請負制			賃金締切日	毎月 25 日	

			賃 金 計 算 期 間	12 月 26 日から 1 月 25 日まで	1 月 26 日から 2 月 25 日まで	2 月 26 日から 3 月 25 日まで	計	
A	月よって支払ったもの・週その他一定の期間に	総 日 数		31 日	31 日	28 日	(イ)	90 日
		賃 金	基 本 賃 金	円	円	円		円
			家族 手 当	12,500	12,500	12,500		37,500
			主任 手 当	9,000	9,000	9,000		27,000
			通勤 〃	11,000	11,000	11,000		33,000
			皆勤 〃	6,000	6,000	4,000		16,000
			計	38,500 円	38,500 円	36,500 円	(ロ)	113,500 円
B	他の請負制によって支払ったものその若しくは時間又は出来高払制その	賃 金 計 算 期 間		12 月 26 日から 1 月 25 日まで	1 月 26 日から 2 月 25 日まで	2 月 26 日から 3 月 25 日まで	計	
		総 日 数		31 日	31 日	28 日	(イ)	90 日
		労 働 日 数		21 日	27 日	23 日	(ハ)	71 日
		賃 金	基 本 賃 金	273,000 円	351,000 円	299,000 円		923,000 円
			残業 手 当	17,890	42,900	29,830		90,620
			手 当					
			計	290,890 円	393,900 円	328,830 円	(ニ)	1,013,620 円
総			計	329,390 円	432,400 円	365,330 円	(ホ)	1,127,120 円

平 均 賃 金	賃金総額(ホ)1,127,120 円÷総日数(イ) 90 = 12,523 円 55 銭

最低保障平均賃金の計算方法

Aの(ロ)　　　113,500 円÷総日数(イ) 90 ＝　　　1,261 円　11 銭(ヘ)

Bの(ニ)　　1,013,620 円÷労働日数(ハ) 71×$\frac{60}{100}$ ＝　8,565 円　80 銭(ト)

(ヘ)　　1,261 円 11 銭+(ト) 8,565 円 80 銭　＝　9,826 円　91 銭(最低保障平均賃金)

日日雇い入れられる者の平均賃金（昭和38年労働省告示第52号による。）	第1号又は第2号の場合	賃 金 計 算 期 間	(リ) 労働日数又は労働総日数	(ヌ) 賃 金 総 額	平均賃金(ヌ)÷(リ)×$\frac{73}{100}$
		月　日から 月　日まで	日	円	円　銭
	第3号の場合	都道府県労働局長が定める金額			円
	第4号の場合	従事する事業又は職業			
		都道府県労働局長が定めた金額			円
漁業及び林業労働者の平均賃金（昭和24年労働省告示第5号第2条による。）	平均賃金協定額の承認年月日	年　月　日 職種		平均賃金協定額	円

① 賃金計算期間のうち業務外の傷病の療養等のため休業した期間の日数及びその期間中の賃金を業務上の傷病の療養のため休業した期間の日数及びその期間中の賃金とみなして算定した平均賃金

(賃金の総額(ホ)－休業した期間にかかる②の(リ)) ÷ (総日数(イ)－休業した期間②の(チ))

(　　　 円－ 　　　 円) ÷ (　　　 日－ 　　　 日) ＝ 　　　 円 　　　 銭

事例5 労働基準法第12条第1項第1号の場合 （45ページ）

様式第8号（別紙1）　（表面）

労基法第12条第1項第1号の規定により6,540円が平均賃金となる。

なお、令4・4・13～5・13の間は私事都合による欠勤である。

労　働　保　険　番　号					氏　　　　　名	災害発生年月日
府県	所掌	管轄	基幹番号	枝番号	山田　太郎	4 年 6 月 17 日
9 9	1	0 1	1 2 3 4 5 6			

平均賃金算定内訳

（労働基準法第12条参照のこと。）

雇入年月日	30 年 4 月 1 日	常用・日雇の別	⃝常用・日雇
賃金支給方法	月給・週給・⃝日給・時間給・出来高払制・その他請負制	賃金締切日	毎月　末日

		賃金計算期間	月　日から 月　日まで	月　日から 月　日まで	月　日から 月　日まで	計
A	月・週その他一定の期間によって支払ったもの	総　日　数	日	日	日	(イ) 日
	賃金	基本賃金	円	円	円	円
		手　当				
		手　当				
		計	円	円	円	(ロ) 円

		賃金計算期間	3 月 1 日から 月 31 日まで	4 月 1 日から 月 30 日まで	5 月 1 日から 月 31 日まで	計
B	日若しくは時間又は出来高払制その他の請負制によって支払ったもの	総　日　数	31 日	30 日	31 日	(イ) 92 日
		労　働　日　数	22 日	8 日	12 日	(ハ) 42 日
	賃金	基本賃金	220,000 円	80,000 円	120,000 円	420,000 円
		作業手当	19,800	7,200	10,800	37,800
		手　当				
		計	239,800 円	87,200 円	130,800 円	(ニ) 457,800 円
総		計	239,800 円	87,200 円	130,800 円	(ホ) 457,800 円

平　均　賃　金	賃金総額(ホ) 457,800 円÷総日数(イ) 92 ＝ 4,976 円 08 銭

最低保障平均賃金の計算方法
Aの(ロ)　　　　　0 円÷総日数(イ) 92 ＝　　　　0 円　00 銭(ヘ)
Bの(ニ)　　457,800 円÷労働日数(ハ) 42 × $\frac{60}{100}$ ＝　6,540 円　00 銭(ト)
(ヘ)　　　0 円 00 銭＋(ト) 6,540 円 00 銭 ＝　6,540 円　00 銭(最低保障平均賃金)

日日雇い入れられる者の平均賃金（昭和38年労働省告示第52号による。）	第1号又は第2号の場合	賃金計算期間	(ろ)労働日数又は労働総日数	(り)賃金総額	平均賃金(ろ)÷(い)×$\frac{73}{100}$
		月　日から 月　日まで	日	円	円　銭
	第3号の場合	都道府県労働局長が定める金額			円
	第4号の場合	従事する事業又は職業			
		都道府県労働局長が定めた金額			円

漁業及び林業労働者の平均賃金（昭和24年労働省告示第5号第2条による。）	平均賃金協定額の承認年月日　　年　月　日　職種　　　　平均賃金協定額　　　　　円

① 賃金計算期間のうち業務外の傷病の療養等のため休業した期間の日数及びその期間中の賃金を業務
　上の傷病の療養のため休業した期間の日数及びその期間中の賃金とみなして算定した平均賃金
　（賃金の総額(ホ)－休業した期間にかかる②の(リ)）　÷　（総日数(イ)－休業した期間②の(チ)）
　（　　　　　円－　　　　　円）÷（　　　日－　　　日）＝　　　円　　　銭

事例6 労働基準法第12条第1項第2号の場合（45ページ）

様式第8号（別紙1）　（表面）

（45ページ）

労　働　保　険　番　号						氏　　名	災害発生年月日
府県	所掌	管轄	基幹番号	枝番号		山田 太郎	4 年 5 月 18 日
9 9	1	0 1	1 2 3 4 5 6				

◆ 労基法第12条第1項第2号の規定により7，056円17銭が平均賃金となる。

なお、令4・3・29〜4・25の間は私事都合により欠勤している。

平均賃金算定内訳

(労働基準法第12条参照のこと。)

雇 入 年 月 日		24 年 8 月 1 日		常用・日雇の別		(常用)・日雇	
賃金支給方法		(月給)・週給・(日給)・時間給・出来高払制・その他請負制			賃金締切日	毎月 15 日	

		賃金計算期間	2月16日から3月15日まで	3月16日から4月15日まで	4月16日から5月15日まで	計	
A	よって支払ったもの月・週その他一定の期間に	総　日　数	28 日	31 日	30 日	(イ)	89 日
		基本賃金	円	円	円		円
	賃金	住宅 手当	12,000	12,000	12,000		36,000
		家族 手当	16,000	16,000	16,000		48,000
		皆勤 〃	10,000	0	0		10,000
		計	38,000 円	28,000 円	28,000 円	(ロ)	94,000 円

		賃金計算期間	2月16日から3月15日まで	3月16日から4月15日まで	4月16日から5月15日まで	計	
B	日若しくは時間又は出来高払制その他の請負制によって支払ったもの	総　日　数	28 日	31 日	30 日	(イ)	89 日
		労　働　日　数	23 日	10 日	13 日	(ハ)	46 日
	賃金	基本賃金	230,000 円	100,000 円	130,000 円		460,000 円
		手当					
		手当					
		計	230,000 円	100,000 円	130,000 円	(ニ)	460,000 円

総　　　　計	268,000 円	128,000 円	158,000 円	(ホ)	554,000 円

平 　均 　賃 　金	賃金総額(ホ) 554,000 円÷総日数(イ) 89 = 6,224 円 71 銭

最低保障平均賃金の計算方法

Aの(ロ)　　94,000 円÷総日数(イ) 89 = 1,056 円 17銭 (ヘ)

Bの(ニ)　　460,000 円÷労働日数(ハ) 46 × $\frac{60}{100}$ = 6,000 円 00銭 (ト)

(ヘ)　1,056 円17銭+(ト) 6,000 円00銭 = 7,056 円 17銭 (最低保障平均賃金)

日日雇い入れられる者の平均賃金 (昭和38年労働省告示第52号による。)	第1号又は第2号の場合	賃金計算期間	(リ) 労働日数又は労働総日数	(ヌ) 賃金総額	平均賃金(ヌ÷(リ)×$\frac{73}{100}$
		月　日から月　日まで	日	円	円　銭
	第3号の場合	都道府県労働局長が定める金額			円
	第4号の場合	従事する事業又は職業			
		都道府県労働局長が定めた金額			円

漁業及び林業労働者の平均賃金 (昭和24年労働省告示第5号第2条による。)	平均賃金協定額の承認年月日　　年　月　日 職種　　平均賃金協定額　　円

① 賃金計算期間のうち業務外の傷病の療養等のため休業した期間の日数及びその期間中の賃金を業務上の傷病の療養のため休業した期間の日数及びその期間中の賃金とみなして算定した平均賃金

（賃金の総額(ホ)−休業した期間にかかる②の(リ)） ÷ （総日数(イ)−休業した期間②の(チ)）

（　　　　円−　　　　円）÷（　　日−　　日）=　　　円　　銭

事例7 新旧賃金の差額の取扱い（45ページ）

様式第8号（別紙1）　（表面）

◆災害発生日、算定事由発生日に、すでに新賃金を遡って適用する旨の協定がなされている場合は差額分は各月に支払われたものとして算定基礎賃金に含める。

本例における定昇差額は労組との協定が算定事由発生日（令4. 6. 2）前に、つまり令4. 5. 27に成立したため算入した（協定成立日が災害発生日以降のときは算入できない）。

〈昭22. 11. 5基発第233号〉

労　働　保　険　番　号					氏　　　　名	災害発生年月日
府県	所掌	管轄	基幹番号	枝番号	山　田　太　郎	4 年 6 月 2 日
9 9	1	0 1	1 2 3 4 5 6			

平均賃金算定内訳

(労働基準法第12条参照のこと。)

雇入年月日			27 年 7 月 1 日		常用・日雇の別			(常 用)・日 雇
賃金支給方法			(月給)・週給・(日給)・時間給・出来高払制・その他請負制			賃金締切日		毎月 末 日

A よって支払ったもの 月・週その他一定の期間に

		賃 金 計 算 期 間	3 月 1 日から 月 31 日まで	4 月 1 日から 月 30 日まで	5 月 1 日から 月 31 日まで	計	
	総　日　数		31 日	30 日	31 日	(イ)	92 日
	賃 金	基 本 賃 金	円	円	円		円
		家 族 手 当	14,000	14,000	14,000		42,000
		手 当					
		計	14,000 円	14,000 円	14,000 円	(ロ)	42,000 円

B 日若しくは時間又は出来高払制その他の請負制によって支払ったもの

		賃 金 計 算 期 間	3 月 1 日から 月 31 日まで	4 月 1 日から 月 30 日まで	5 月 1 日から 月 31 日まで	計	
	総　日　数		31 日	30 日	31 日	(イ)	92 日
	労 働 日 数		24 日	24 日	23 日	(ハ)	71 日
	賃 金	基 本 賃 金	240,000 円	240,000 円	230,000 円		710,000 円
		残 業 手 当	19,200	34,500	30,300		84,000
		定昇差額(4・5月分) 手当		7,501	5,032		12,533
		計	259,200 円	282,001 円	265,332 円	(ニ)	806,533 円

総　　　　計	273,200 円	296,001 円	279,332 円	(ホ)	848,533 円

平　均　賃　金	賃金総額(ホ) 848,533 円÷総日数(イ) 92 = 9,223 円 18 銭

最低保障平均賃金の計算方法	
Aの(ロ)	42,000 円÷総日数(イ) 92 = 456 円 52 銭 (ヘ)
Bの(ニ)	806,533 円÷労働日数(ハ) 71 × $\frac{60}{100}$ = 6,815 円 77 銭 (ト)
(ヘ)	456 円 52 銭+(ト) 6,815 円 77 銭 = 7,272 円 29 銭 (最低保障平均賃金)

日日雇い入れられる者の平均賃金（昭和38年労働省告示第52号による。）	第1号又は第2号の場合	賃金計算期間	(リ) 労働日数又は労働総日数	(ヌ) 賃金総額	平均賃金(ヌ÷(リ)×$\frac{73}{100}$)
		月 日から 月 日まで	日	円	円 銭
	第3号の場合	都道府県労働局長が定める金額			円
	第4号の場合	従事する事業又は職業			
		都道府県労働局長が定めた金額			円

漁業及び林業労働者の平均賃金（昭和24年労働省告示第5号第2条による。）	平均賃金協定額の承認年月日 年 月 日 職種 平均賃金協定額 円

① 賃金計算期間のうち業務外の傷病の療養等のため休業した期間の日数及びその期間中の賃金を業務上の傷病の療養のため休業した期間の日数及びその期間中の賃金とみなして算定した平均賃金

（賃金の総額(ホ)－休業した期間にかかる②の(リ)）　÷　（総日数(イ)－休業した期間②の(チ)）

（　　　円－　　　円）÷（　　　日－　　　日）＝　　　円　　　銭

様式第8号（別紙1）　（表面）

◆ 本例における定昇差額は、令4・6・5の労組と金額（アップ率）交渉妥結成立により確定したものであり、災害発生時点（令4・6・2）では未確定であるため、算定基礎賃金から除外される。なお《事例7》を参照のこと。

労　働　保　険　番　号						氏　　　名	災害発生年月日
府県	所掌	管轄	基幹番号	枝番号		山田　太郎	4 年 6 月 2 日
9 9	1	0 1	1 2 3 4 5 6				

平均賃金算定内訳

（労働基準法第12条参照のこと。）

雇入年月日	27 年 7 月 1 日		常用・日雇の別	(常用)・日雇
賃金支給方法	(月給)・週給・(日給)・時間給・出来高払制・その他請負制		賃金締切日	毎月　末　日

		賃金計算期間	3月 1日から 月31日まで	4月 1日から 月30日まで	5月 1日から 月31日まで	計
A	月・週その他一定の期間によって支払ったもの	総　日　数	31 日	30 日	31 日	(イ) 92 日
	賃金	基 本 賃 金	316,000 円	316,000 円	316,000 円	948,000 円
		家族手当	14,000	14,000	14,000	42,000
		手当				
		計	330,000 円	330,000 円	330,000 円	(ロ) 990,000 円
		賃金計算期間	3月 1日から 月31日まで	4月 1日から 月30日まで	5月 1日から 月31日まで	計
B	日若しくは時間又は出来高払制その他の請負制によって支払ったもの	総　日　数	31 日	30 日	31 日	(イ) 92 日
		労 働 日 数	24 日	24 日	23 日	(ハ) 71 日
	賃金	基 本 賃 金	円	円	円	円
		残業手当	6,750	12,150	24,800	43,700
		定昇差額 (4・5月分) 手当		(6,025) 算入せず	(7,031) 算入せず	
		計	6,750 円	12,150 円	24,800 円	(ニ) 43,700 円
総		計	336,750 円	342,150 円	354,800 円	(ホ) 1,033,700 円
平　均　賃　金		賃金総額(ホ)1,033,700÷総日数(イ) 92 =			11,235 円 86 銭	

最低保障平均賃金の計算方法				
Aの(ロ)	990,000 円÷総日数(イ) 92 =		10,760 円	86銭(ヘ)
Bの(ニ)	43,700 円÷労働日数(ハ) 71 × $\frac{60}{100}$ =		369 円	29銭(ト)
(ヘ)	10,760 円86銭+(ト) 369 円29銭 =		11,130 円	15銭(最低保障平均賃金)

日日雇い入れられる者の平均賃金（昭和38年労働省告示第52号による。）	第1号又は第2号の場合	賃金計算期間	(リ) 労働日数又は労働総日数	(ヌ) 賃金総額	平均賃金(ヌ÷リ× $\frac{73}{100}$)
		月 日から 月 日まで	日	円	円 銭
	第3号の場合	都道府県労働局長が定める金額			円
	第4号の場合	従事する事業又は職業			
		都道府県労働局長が定めた金額			円

漁業及び林業労働者の平均賃金（昭和24年労働省告示第5号第2条による。）	平均賃金協定額の 承認年月日	年 月 日 職種	平均賃金協定額	円

① 賃金計算期間のうち業務外の傷病の療養等のため休業した期間の日数及びその期間中の賃金を業務上の傷病の療養のため休業した期間の日数及びその期間中の賃金とみなして算定した平均賃金

　　（賃金の総額(ホ)－休業した期間にかかる②の(リ)）　÷　（総日数(イ)－休業した期間②の(チ)）

　　（　　　　　円－　　　　　円）÷（　　　日－　　　日）＝　　　　　円　　　銭

事例9 賃金ベース変更の場合の賃金 （46ページ）

様式第8号（別紙1）　（表面）

◆

本例においては、差額（アップ額）について、営業所においては労使による細部協定は未だ締結されていないが、本社においてはすでに令4・4・25付で中央協定（本社及び全営業所に適用される。）が締結され4月からの賃金を最低10,250円アップする（現実には支払われていない。協定が成立しているので、差額（アップ額・4月分）は、算定基礎賃金に含まれる。

《昭24・5・6基発第513号》

労　働　保　険　番　号					氏　　　　名	災害発生年月日
府県 所掌 管轄	基幹番号	枝番号			山田　太郎	4 年 5 月 26 日
9 9 1 0 1	1 2 3 4 5 6					

平均賃金算定内訳

（労働基準法第12条参照のこと。）

雇入年月日			24 年 7 月 1 日		常用・日雇の別		（常用）・日雇
賃金支給方法			（月給）・週給・（日給）・時間給・出来高払制・その他請負制		賃金締切日		毎月 末 日

				賃金計算期間	2月1日から 2月28日まで	3月1日から 3月31日まで	4月1日から 4月30日まで	計
A	月・週その他一定の期間によって支払ったもの	賃金		総　日　数	28 日	31 日	30 日	(イ) 89 日
				基本賃金	円	円	円	円
				通勤手当	13,000	13,000	13,000	39,000
				住宅手当	10,000	10,000	10,000	30,000
				計	23,000 円	23,000 円	23,000 円	(ロ) 69,000 円
B	日若しくは時間又は出来高払制その他の請負制によって支払ったもの	賃金		賃金計算期間	2月1日から 2月28日まで	3月1日から 3月31日まで	4月1日から 4月30日まで	計
				総　日　数	28 日	31 日	30 日	(イ) 89 日
				労　働　日　数	24 日	24 日	25 日	(ハ) 73 日
				基本賃金	264,000 円	264,000 円	275,000 円	803,000 円
				時間外手当	10,700	15,400	24,300	50,400
				差額手当 （アップ額・4月分）			10,250	10,250
				計	274,700 円	279,400 円	309,550 円	(ニ) 863,650 円
総				計	297,700 円	302,400 円	332,550 円	(ホ) 932,650 円

平　均　賃　金	賃金総額(ホ) 932,650 円÷総日数(イ) 89 = 10,479 円 21 銭

最低保障平均賃金の計算方法
Aの(ロ) 　69,000 円÷総日数(イ) 89 = 　775 円 28 銭 (ヘ)
Bの(ニ) 　863,650 円÷労働日数(ハ) 73 × $\frac{60}{100}$ = 7,098 円 49 銭 (ト)
(ヘ) 　775 円 28 銭+(ト)7,098 円49銭 = 7,873 円 77 銭 (最低保障平均賃金)

日日雇い入れられる者の平均賃金（昭和38年労働省告示第52号による。）	第1号又は第2号の場合	賃金計算期間 月 日から 月 日まで	(ち)労働日数又は労働総日数 日	(り)賃金総額 円	平均賃金(り÷ち)×$\frac{73}{100}$ 円 銭
	第3号の場合	都道府県労働局長が定める金額			円
	第4号の場合	従事する事業又は職業			
		都道府県労働局長が定めた金額			円

漁業及び林業労働者の平均賃金（昭和24年労働省告示第5号第2条による。）	平均賃金協定額の承認年月日	年 月 日	職種	平均賃金協定額	円

① 賃金計算期間のうち業務外の傷病の療養等のため休業した期間の日数及びその期間中の賃金を業務上の傷病の療養のため休業した期間の日数及びその期間中の賃金とみなして算定した平均賃金
（賃金の総額(ホ)－休業した期間にかかる②の(り)）÷（総日数(イ)－休業した期間②の(ち)）
（　　　　円－　　　　円）÷（　　　　日－　　　　日）=　　　　円　　銭

事例10 転退社後に業務上の負傷又は疾病が再発した場合（46ページ）

様式第8号（別紙1）　（表面）

<table>
<tr><th colspan="6">労 働 保 険 番 号</th><th>氏　　　　名</th><th>災害発生年月日</th></tr>
<tr><th>府県</th><th>所掌</th><th>管轄</th><th>基幹番号</th><th>枝番号</th><th></th><th rowspan="2">山田 太郎</th><th rowspan="2">1 年 10 月 18 日</th></tr>
<tr><td>9 9</td><td>1</td><td>0 1</td><td>1 2 3 4 5 6</td><td></td><td></td></tr>
</table>

◆ 本例は

令元 10 18 災害発生
令2. 4. 30 治ゆ 事業場退職
令3. 5. 10 再発休業
令4. 1. 14

という事案であるが、再発による休業に対する補償に使用する平均賃金は、原傷病が発生した事業場で支払われた賃金により算出される。〈昭25.5.13基収第843号〉

平均賃金算定内訳

（労働基準法第12条参照のこと。）

雇入年月日	27 年 5 月 1 日	常用・日雇の別	常用・日雇
賃金支給方法	月給・週給・日給・時間給・出来高払制・その他請負制	賃金締切日	毎月 25 日

A：月・週その他一定の期間によって支払ったもの

	賃金計算期間	6月26日から 7月25日まで	7月26日から 8月25日まで	8月26日から 9月25日まで		計
	総 日 数	30 日	31 日	31 日	(イ)	92 日
賃金	基 本 賃 金	円	円	円		円
	家族手当	12,000	12,000	12,000		36,000
	住宅手当	10,000	10,000	10,000		30,000
	計	22,000 円	22,000 円	22,000 円	(ロ)	66,000 円

B：日若しくは時間又は出来高払制その他の請負制によって支払ったもの

	賃金計算期間	6月26日から 7月25日まで	7月26日から 8月25日まで	8月26日から 9月25日まで		計
	総 日 数	30 日	31 日	31 日	(イ)	92 日
	労 働 日 数	24 日	22 日	25 日	(ハ)	71 日
賃金	基 本 賃 金	288,000 円	264,000 円	300,000 円		852,000 円
	残業手当	35,000	48,125	21,875		105,000
	手当					
	計	323,000 円	312,125 円	321,875 円	(ニ)	957,000 円

総 計	345,000 円	334,125 円	343,875 円	(ホ)	1,023,000 円

平 均 賃 金	賃金総額(ホ)1,023,000円÷総日数(イ) 92 ＝ 11,119 円 56 銭

最低保障平均賃金の計算方法

Aの(ロ)　66,000 円÷総日数(イ) 92 ＝ 717 円 39 銭(ヘ)

Bの(ニ)　957,000 円÷労働日数(ハ) 71 × $\frac{60}{100}$ ＝ 8,087 円 32 銭(ト)

(ヘ)　717円39銭＋(ト)8,087円32銭 ＝ 8,804 円 71 銭（最低保障平均賃金）

日日雇い入れられる者の平均賃金（昭和38年労働省告示第52号による。）	第1号又は第2号の場合	賃金計算期間 月 日から 月 日まで	(い)労働日数又は労働総日数 日	(ろ)賃金総額 円	平均賃金(ろ)÷(い)×$\frac{73}{100}$ 円 銭
	第3号の場合	都道府県労働局長が定める金額			円
	第4号の場合	従事する事業又は職業			
		都道府県労働局長が定めた金額			円

漁業及び林業労働者の平均賃金（昭和24年労働省告示第5号第2条による。）	平均賃金協定額の承認年月日 年 月 日 職種 平均賃金協定額 円

① 賃金計算期間のうち業務外の傷病の療養等のため休業した期間の日数及びその期間中の賃金を業務上の傷病の療養のため休業した期間の日数及びその期間中の賃金とみなして算定した平均賃金

（賃金の総額(ホ)－休業した期間にかかる②の(リ)）÷（総日数(イ)－休業した期間②の(チ)）

（ 円－ 円）÷（ 日－ 日）＝ 円 銭

事例11　算定基礎賃金の範囲（通勤手当：46ページ）

◆通勤手当は平均賃金の算定基礎に算入する。

〈昭22・12・26基発第573号〉

様式第８号（別紙1）　（表面）

労働保険番号				氏名	災害発生年月日
府県	所掌	管轄	基幹番号	枝番号		
9 9	1	0 1	1 2 3 4 5 6		山田 太郎	4年 7月 4日

平均賃金算定内訳

（労働基準法第12条参照のこと。）

雇入年月日	27年 6月 26日	常用・日雇の別	（常用）・日雇
賃金支給方法	（月給）・週給・（日給）・時間給・出来高払制・その他請負制	賃金締切日	毎月 25日

A 月・週その他一定の期間によって支払ったもの	賃金計算期間		3月26日から 4月25日まで	4月26日から 5月25日まで	5月26日から 6月25日まで	計
	総日数		31日	30日	31日	(イ) 92日
	賃金	基本賃金	円	円	円	円
		通勤手当	9,500	9,500	9,500	28,500
		手当				
		計	9,500円	9,500円	9,500円	(ロ) 28,500円
B 日若しくは時間又は出来高払制その他の請負制によって支払ったもの	賃金計算期間		3月26日から 4月25日まで	4月26日から 5月25日まで	5月26日から 6月25日まで	計
	総日数		31日	30日	31日	(イ) 92日
	労働日数		23日	20日	24日	(ハ) 67日
	賃金	基本賃金	276,000円	240,000円	288,000円	804,000円
		手当				
		手当				
		計	276,000円	240,000円	288,000円	(ニ) 804,000円
総計			285,500円	249,500円	297,500円	(ホ) 832,500円
平均賃金			賃金総額(ホ) 832,500円÷総日数(イ) 92 ＝ 9,048円 91銭			

最低保障平均賃金の計算方法

Aの(ロ)　28,500円÷総日数(イ) 92 ＝ 309円 78銭(ヘ)

Bの(ニ)　804,000円÷労働日数(ハ) 67 × $\frac{60}{100}$ ＝ 7,200円 00銭(ト)

(ヘ)　309円78銭＋(ト) 7,200円00銭 ＝ 7,509円 78銭（最低保障平均賃金）

日日雇い入れられる者の平均賃金（昭和38年労働省告示第52号による。）	第1号又は第2号の場合	賃金計算期間 月 日から 月 日まで	(い) 労働日数又は労働総日数 日	(ろ) 賃金総額 円	平均賃金 $\left((ろ)\div(い)\times\frac{73}{100}\right)$ 円 銭
	第3号の場合	都道府県労働局長が定める金額 円			
	第4号の場合	従事する事業又は職業			
		都道府県労働局長が定めた金額 円			
漁業及び林業労働者の平均賃金（昭和24年労働省告示第5号第2条による。）	平均賃金協定額の承認年月日　年　月　日　職種		平均賃金協定額 円		

① 賃金計算期間のうち業務外の傷病の療養等のため休業した期間の日数及びその期間中の賃金を業務上の傷病の療養のため休業した期間の日数及びその期間中の賃金とみなして算定した平均賃金

（賃金の総額(ホ)－休業した期間にかかる②の(リ)）÷（総日数(イ)－休業した期間②の(チ)）

（　　　円－　　　円）÷（　　　日－　　　日）＝　　　円　　　銭

様式第8号（別紙1）　（表面）

◆

労　働　保　険　番　号						氏　　　　名	災害発生年月日
府県	所掌	管轄	基幹番号	枝番号		山田　太郎	4 年 7 月 6 日
9 9	1	0 1	1 2 3 4 5 6				

有給休暇は6月に1日、4月に2日とっており、その日数及び賃金はそれぞれ労働日数及び算定基礎賃金に算入する。〈昭22.11.5基発第231号〉　※○囲みは有給休暇日を差し引いた日数

平均賃金算定内訳

（労働基準法第12条参照のこと。）

雇　入　年　月　日			28 年 6 月 1 日		常用・日雇の別			(常用)・日雇	
賃　金　支　給　方　法			月給・週給・(日給)・時間給・出来高払制・その他請負制					賃金締切日	毎月 末 日

			賃金計算期間	月　日から 月　日まで	月　日から 月　日まで	月　日から 月　日まで	計	
A	月・週その他一定の期間によって支払ったもの		総　日　数	日	日	日	(イ)	日
		賃金	基　本　賃　金	円	円	円		円
			手　当					
			手　当					
			計	円	円	円	(ロ)	円
B	日若しくは時間又は出来高払制その他の請負制によって支払ったもの		賃金計算期間	4 月 1 日から 月 30 日まで	5 月 1 日から 月 31 日まで	6 月 1 日から 月 30 日まで	計	
			総　日　数	30 日	31 日	30 日	(イ)	91 日
		労働日数	㉒ 24 日	21 日	㉓ 24 日	(ハ)	㊼ 69 日
		賃金	基　本　賃　金	264,000 円	252,000	276,000		792,000
			有給休暇手当	24,000	0	12,000		36,000
			手　当					
			計	288,000 円	252,000 円	288,000 円	(ニ)	828,000 円
総			計	288,000 円	252,000 円	288,000 円	(ホ)	828,000 円
平　均　賃　金			賃金総額(ホ) 828,000 円÷総日数(イ) 91 =				9,098 円 90 銭	

最低保障平均賃金の計算方法	
Aの(ロ)	0 円÷総日数(イ) 91 = 　0 円 00 銭(ヘ)
Bの(ニ)	828,000 円÷労働日数(ハ) 69 × $\frac{60}{100}$ = 7,200 円 00 銭(ト)
(ヘ)	0 円 00 銭+(ト) 7,200 00 銭 = 7,200 円 00 銭（最低保障平均賃金）

日日雇い入れられる者の平均賃金（昭和38年労働省告示第52号による。）	第1号又は第2号の場合	賃金計算期間	(ル) 労働日数又は労働総日数	(ヲ) 賃金総額	平均賃金(ヲ÷ル)×$\frac{73}{100}$
		月　日から 月　日まで	日	円	円 銭
	第3号の場合	都道府県労働局長が定める金額			円
	第4号の場合	従事する事業又は職業			
		都道府県労働局長が定めた金額			円
漁業及び林業労働者の平均賃金（昭和24年労働省告示第5号第2条による。）	平均賃金協定額の承認年月日	年　月　日	職種	平均賃金協定額	円

① 賃金計算期間のうち業務外の傷病の療養等のため休業した期間の日数及びその期間中の賃金を業務上の傷病の療養のため休業した期間の日数及びその期間中の賃金とみなして算定した平均賃金
（賃金の総額(ホ)－休業した期間にかかる②の(リ)）÷（総日数(イ)－休業した期間②の(チ)）
（　　　　　円－　　　　　円）÷（　　　日－　　　日）＝　　　　　円　　　銭

事例13 算定基礎賃金の範囲 （休電日の休業手当：46ページ）

様式第8号（別紙1） （表面）

（休電日の休業手当：46ページ）

労　働　保　険　番　号						氏　　　　　名	災害発生年月日
府県	所掌	管轄	基幹番号	枝番号		山田　太郎	4 年 7 月 19 日
9 9	1	0 1	1 2 3 4 5 6				

◆ 本例においては休業手当として、1日当たり15,000円が4／19、5／12、5／13に支給されている。これは電力会社の都合による停電のため操業不能による支給である。このような休電日の休業手当は算定基礎に算入する。

《昭23．3．17基発第461号》
※ ○囲みは休業日を除いた日数

平均賃金算定内訳

（労働基準法第12条参照のこと。）

雇　入　年　月　日		24 年　3 月　10 日		常用・日雇の別		（常用）・日雇	
賃金支給方法		（月給）・週給・（日給）・時間給・出来高払制・その他請負制			賃金締切日	毎月　25 日	

<table>
<tr><td rowspan="6">A</td><td rowspan="6">月・週その他一定の期間によって支払ったもの</td><td colspan="2">賃金計算期間</td><td>3 月 26 日から
4 月 25 日まで</td><td>4 月 26 日から
5 月 25 日まで</td><td>5 月 26 日から
6 月 25 日まで</td><td colspan="2">計</td></tr>
<tr><td colspan="2">総　日　数</td><td>31 日</td><td>30 日</td><td>31 日</td><td>(イ)</td><td>92 日</td></tr>
<tr><td rowspan="4">賃
金</td><td>基 本 賃 金</td><td>円</td><td>円</td><td>円</td><td colspan="2">円</td></tr>
<tr><td>住 宅 手 当</td><td>15,000</td><td>15,000</td><td>15,000</td><td colspan="2">45,000</td></tr>
<tr><td>家 族 手 当</td><td>12,000</td><td>12,000</td><td>12,000</td><td colspan="2">36,000</td></tr>
<tr><td>通勤 〃</td><td>8,200</td><td>8,200</td><td>8,200</td><td colspan="2">24,600</td></tr>
<tr><td></td><td></td><td>計</td><td>35,200 円</td><td>35,200 円</td><td>35,200 円</td><td>(ロ)</td><td>105,600 円</td></tr>
</table>

<table>
<tr><td rowspan="7">B</td><td rowspan="7">日若しくは時間又は出来高払制その他の請負制によって支払ったもの</td><td colspan="2">賃金計算期間</td><td>3 月 26 日から
4 月 25 日まで</td><td>4 月 26 日から
5 月 25 日まで</td><td>5 月 26 日から
6 月 25 日まで</td><td colspan="2">計</td></tr>
<tr><td colspan="2">総　日　数</td><td>31 日</td><td>30 日</td><td>31 日</td><td>(イ)</td><td>92 日</td></tr>
<tr><td colspan="2">労 働 日 数</td><td>㉓ 24 日</td><td>⑳ 22 日</td><td>25 日</td><td>(ハ)</td><td>㉘ 71 日</td></tr>
<tr><td rowspan="3">賃
金</td><td>基 本 賃 金</td><td>345,000 円</td><td>300,000 円</td><td>375,000 円</td><td colspan="2">1,020,000 円</td></tr>
<tr><td>残 業 手 当</td><td>38,700</td><td>34,100</td><td>15,050</td><td colspan="2">87,850</td></tr>
<tr><td>休 業 手 当</td><td>15,000</td><td>30,000</td><td>0</td><td colspan="2">45,000</td></tr>
<tr><td></td><td></td><td>計</td><td>398,700 円</td><td>364,100 円</td><td>390,050 円</td><td>(ニ)</td><td>1,152,850 円</td></tr>
</table>

総　　　　　計			433,900 円	399,300 円	425,250 円	(ホ)	1,258,450 円
平　均　賃　金		賃金総額(ホ) 1,258,450 円÷総日数(イ) 92 =				13,678 円	80 銭

最低保障平均賃金の計算方法
Aの(ロ)　　105,600 円÷総日数(イ) 92 = 　　　　1,147 円　82銭(ヘ)
Bの(ニ)　1,152,850 円÷労働日数(ハ) 68×$\frac{60}{100}$ = 10,172 円　20銭(ト)
(ヘ)　1,147円82銭+(ト)10,172円20銭 = 11,320 円　02銭(最低保障平均賃金)

日日雇い入れられる者の平均賃金（昭和38年労働省告示第52号による。）	第1号又は第2号の場合	賃金計算期間	(ル) 労働日数又は労働総日数	(ヲ) 賃金総額	平均賃金(ヲ÷ル)×$\frac{73}{100}$
		月　日から 月　日まで	日	円	円　銭
	第3号の場合	都道府県労働局長が定める金額			円
	第4号の場合	従事する事業又は職業			
		都道府県労働局長が定めた金額			円

漁業及び林業労働者の平均賃金（昭和24年労働省告示第5号第2条による。）	平均賃金協定額の承認年月日　　年　月　日　職種　　　　平均賃金協定額　　　　円

① 賃金計算期間のうち業務外の傷病の療養等のため休業した期間の日数及びその期間中の賃金を業務上の傷病の療養のため休業した期間の日数及びその期間中の賃金とみなして算定した平均賃金
（賃金の総額(ホ)－休業した期間にかかる②の(リ)） ÷ （総日数(イ)－休業した期間②の(チ)）
（　　　　円－　　　　円）÷（　　　日－　　　日）＝　　　円　　銭

様式第8号（別紙1）　（表面）

◆

社会保険の被保険者が負担すべき保険料の補助を使用者が行っている場合、当該補助は賃金とみなされるので平均賃金の算定基礎賃金に含まれる。〈昭24.6.10基収第1833号　昭63.3.14基発第150号〉

労　働　保　険　番　号												氏　　　名	災害発生年月日
府県	所掌	管轄	基　幹　番　号						枝番号			山田　太郎	4 年 5 月 11 日
9 9	1	0 1	1 2 3 4 5 6										

平均賃金算定内訳

（労働基準法第12条参照のこと。）

雇　入　年　月　日	25 年 2 月 15 日	常用・日雇の別	常用・日雇

賃金支給方法	月給・週給・日給・時間給・出来高払制・その他請負制	賃金締切日	毎月 20 日

A		賃金計算期間	1 月 21 日から 2 月 20 日まで	2 月 21 日から 3 月 20 日まで	3 月 21 日から 4 月 20 日まで	計
月・週その他一定の期間によって支払ったもの	賃金	総　日　数	31 日	28 日	31 日 (イ)	90 日
		基 本 賃 金	350,000 円	350,000 円	350,000 円	1,050,000 円
		社保保険料補助 手当	11,400	11,400	11,400	34,200
		手　当				
		計	361,400 円	361,400 円	361,400 円 (ロ)	1,084,200 円

B		賃金計算期間	1 月 21 日から 2 月 20 日まで	2 月 21 日から 3 月 20 日まで	3 月 21 日から 4 月 20 日まで	計
日若しくは時間又は出来高払制その他の請負制によって支払ったもの	賃金	総　日　数	31 日	28 日	31 日 (イ)	90 日
		労　働　日　数	26 日	23 日	25 日 (ハ)	74 日
		基 本 賃 金	円	円	円	円
		残業 手当	31,800	19,600	35,050	86,450
		手　当				
		計	31,800 円	19,600 円	35,050 円 (ニ)	86,450 円

総　　　　　計	393,200 円	381,000 円	396,450 円 (ホ)	1,170,650 円

平　均　賃　金	賃金総額(ホ) 1,170,650 円÷総日数(イ) 90 = 13,007 円 22 銭

最低保障平均賃金の計算方法

Aの(ロ)　　1,084,200 円÷総日数(イ) 90 = 12,046 円 66銭(ヘ)

Bの(ニ)　　86,450 円÷労働日数(ハ) 74 × $\frac{60}{100}$ = 700 円 94銭(ト)

(ヘ)　12,046 円 66 銭＋(ト) 700 円94銭 = 12,747 円 60銭（最低保障平均賃金）

日日雇い入れられる者の平均賃金（昭和38年労働省告示第52号による。）	第1号又は第2号の場合	賃金計算期間	(リ) 労働日数又は労働総日数	(ヌ) 賃金総額	平均賃金(ヌ÷(リ)×$\frac{73}{100}$)
		月　日から 月　日まで	日	円	円　銭
	第3号の場合	都道府県労働局長が定める金額			円
	第4号の場合	従事する事業又は職業			
		都道府県労働局長が定めた金額			円

漁業及び林業労働者の平均賃金（昭和24年労働省告示第5号による。）	平均賃金協定額の承認年月日	年　月　日	職種	平均賃金協定額	円

① 賃金計算期間のうち業務外の傷病の療養等のため休業した期間の日数及びその期間中の賃金を業務上の傷病の療養のため休業した期間の日数及びその期間中の賃金とみなして算定した平均賃金

　（賃金の総額(ホ)−休業した期間にかかる②の(リ)）　÷　（総日数(イ)−休業した期間②の(チ)）

　（　　　　　円−　　　　　円）÷（　　　　日−　　　　日）＝　　　　円　　　銭

90

事例15　算定基礎賃金の範囲（冬営手当：47ページ）

様式第8号（別紙1）　（表面）

冬営手当はそれが各月分の前渡しと認められる場合は算定基礎に算入する。12月に12、1、2、3月の4カ月分が一括支給されている場合は、毎月5,000円支払われたものとみなして平均賃金を算定する。〈昭25．4．25基収第392号〉

労　働　保　険　番　号					氏　　　名	災害発生年月日
府県 所掌 管轄	基　幹　番　号	枝番号			山田　太郎	4 年 3 月 24 日
9 9 1 0 1	1 2 3 4 5 6					

平均賃金算定内訳

(労働基準法第12条参照のこと。)

雇　入　年　月　日	27 年　6 月　1 日	常用・日雇の別	(常)用・日雇
賃 金 支 給 方 法	(月給)・週給・(日給)・時間給・出来高払制・その他請負制	賃金締切日	毎月 25 日

		賃金計算期間	11月26日から12月25日まで	12月26日から1月25日まで	1月26日から2月25日まで	計
A 月・週その他一定の期間によって支払ったもの		総　日　数	30 日	31 日	31 日	(イ) 92 日
	賃金	基 本 賃 金	円	円	円	円
		勤務地手当	12,000	12,000	12,000	36,000
		役付手当	30,000	30,000	30,000	90,000
		冬営〃	5,000	5,000	5,000	15,000
		(12月に4カ月分20,000円が一括支給されている)				
		計	47,000 円	47,000 円	47,000 円	(ロ) 141,000 円
B 日若しくは時間又は出来高払制その他の請負制によって支払ったもの		賃金計算期間	11月26日から12月25日まで	12月26日から1月25日まで	1月26日から2月25日まで	計
		総　日　数	30 日	31 日	31 日	(イ) 92 日
	労働	労　働　日　数	24 日	20 日	23 日	(ハ) 67 日
	賃金	基 本 賃 金	240,000 円	200,000 円	230,000 円	670,000 円
		手　当				
		手　当				
		計	240,000 円	200,000 円	230,000 円	(ニ) 670,000 円
総		計	287,000 円	247,000 円	277,000 円	(ホ) 811,000 円

平　均　賃　金	賃金総額(ホ) 811,000 円÷総日数(イ) 92 = 8,815 円 21 銭

最低保障平均賃金の計算方法
Aの(ロ)　141,000 円÷総日数(イ) 92 ＝　1,532 円　60 銭 (ヘ)
Bの(ニ)　670,000 円÷労働日数(ハ) 67×$\frac{60}{100}$＝　6,000 円　00 銭 (ト)
(ヘ)　1,532 円60 銭＋(ト) 6,000 円00 銭　＝　7,532 円　60 銭 (最低保障平均賃金)

日日雇い入れられる者の平均賃金（昭和38年労働省告示第52号による。）	第1号又は第2号の場合	賃金計算期間	(リ) 労働日数又は労働総日数	(ヌ) 賃金総額	平均賃金(ヌ÷リ×$\frac{73}{100}$)
		月　日から 月　日まで	日	円	円　銭
	第3号の場合	都道府県労働局長が定める金額			円
	第4号の場合	従事する事業又は職業			
		都道府県労働局長が定めた金額			円

漁業及び林業労働者の平均賃金（昭和24年労働省告示第5号第2条による。）	平均賃金協定額の承認年月日　　年　　月　　日　職種　　平均賃金協定額　　円

① 賃金計算期間のうち業務外の傷病の療養等のため休業した期間の日数及びその期間中の賃金を業務上の傷病の療養のため休業した期間の日数及びその期間中の賃金とみなして算定した平均賃金
（賃金の総額(ホ)－休業した期間にかかる②の(リ)）÷（総日数(イ)－休業した期間②の(チ)）
（　　　　円－　　　　円）÷（　　　日－　　　日）＝　　　円　　銭

様式第8号（別紙1）　（表面）

◆ 家族加療見舞金は家族が傷病により1カ月以上入院した場合10，000円支給されるが、これは突発的事由に基づいて支払われる臨時の賃金であるので、平均賃金の算定においては、賃金総額から除外して算定する。

〈昭27・5・10基収第6054号〉

労　働　保　険　番　号													氏　　　　　名	災害発生年月日
府県		所掌	管轄		基幹番号					枝番号			山田　太郎	4 年 10 月 7 日
9	9	1	0	1	1	2	3	4	5	6				

平均賃金算定内訳

（労働基準法第12条参照のこと。）

雇入年月日	28 年 8 月 1 日	常用・日雇の別	(常用)・日雇
賃金支給方法	月給・週給・(日給)・時間給・出来高払制・その他請負制	賃金締切日	毎月　末日

		賃金計算期間	月 日から月 日まで	月 日から月 日まで	月 日から月 日まで	計
A	月・週その他一定の期間によって支払ったもの	総　日　数	日	日	日	(イ) 日
		基本賃金	円	円	円	円
	賃金	手当				
		手当				
		計	円	円	円	(ロ) 円
B	日若しくは時間又は出来高払制その他の請負制によって支払ったもの	賃金計算期間	7 月 1 日から7 月 31 日まで	8 月 1 日から8 月 31 日まで	9 月 1 日から9 月 30 日まで	計
		総　日　数	31 日	31 日	30 日	(イ) 92 日
		労　働　日　数	24 日	25 日	23 日	(ハ) 72 日
	賃金	基本賃金	288,000 円	300,000 円	276,000 円	864,000 円
		時間外手当	34,300	23,600	26,500	84,400
		出勤手当	4,800	5,000	4,600	14,400
		家族加療見舞金		(10,000)		
				算入せず		
		計	327,100 円	328,600 円	307,100 円	(ニ) 962,800 円
総		計	327,100 円	328,600 円	307,100 円	(ホ) 962,800 円
平　均　賃　金		賃金総額(ホ) 962,800 円÷総日数(イ) 92 ＝ 10,465 円 21 銭				

最低保障平均賃金の計算方法

Aの(ロ)	0 円÷総日数(イ) 92 ＝ 0 円 00 銭(ヘ)
Bの(ニ)	962,800 円÷労働日数(ハ) 72 × $\frac{60}{100}$ ＝ 8,023 円 33 銭(ト)
(ヘ)	0 円 00 銭+(ト) 8,023 円 33 銭 ＝ 8,023 円 33 銭（最低保障平均賃金）

日日雇い入れられる者の平均賃金（昭和38年労働省告示第52号による。）	第1号又は第2号の場合	賃金計算期間	(ル) 労働日数又は労働総日数	(ヲ) 賃金総額	平均賃金(ヲ÷ル× $\frac{73}{100}$)
		月 日から月 日まで	日	円	円 銭
	第3号の場合	都道府県労働局長が定める金額			円
	第4号の場合	従事する事業又は職業			
		都道府県労働局長が定めた金額			円
漁業及び林業労働者の平均賃金（昭和24年労働省告示第5号第2条による。）	平均賃金協定額の承認年月日	年 月 日 職種		平均賃金協定額	円

① 賃金計算期間のうち業務外の傷病の療養等のため休業した期間の日数及びその期間中の賃金を業務上の傷病の療養のため休業した期間の日数及びその期間中の賃金とみなして算定した平均賃金
（賃金の総額(ホ)－休業した期間にかかる②の(リ)）÷（総日数(イ)－休業した期間②の(チ)）
（　　　円－　　　円）÷（　　　日－　　　日）＝　　　円　　　銭

事例17　除外賃金（退職金：48ページ）

様式第8号（別紙1）　（表面）

本例においては令4・3・31に定年退職し、同年4月1日付けで再雇用され、また退職金も4月に支給されたが退職金が臨時に支払われた賃金であるから平均賃金の算定に当たっては賃金総額から除外する。

なお、退職後引続き同一事業場に雇用され負傷したような場合で形式的には退職の前後で別個の契約が存するが、実質的には1つの継続した労働と見られる場合は退職後3カ月未満の災害であっても退職前も含めた3カ月間を算定期間とする。

〈昭26・12・27基発第841号〉
〈昭45・1・22基収第4464号〉

労　働　保　険　番　号						氏　　　　　名	災害発生年月日
府県	所掌	管轄	基幹番号	枝番号		山田　太郎	4 年 5 月 10 日
9 9	1	0 1	1 2 3 4 5 6				

平均賃金算定内訳

（労働基準法第12条参照のこと。）

雇　入　年　月　日	63 年 11 月 11 日	常用・日雇の別	⦅常　用⦆・日　雇

賃金支給方法	⦅月給⦆・週給・⦅日給⦆・時間給・出来高払制・その他請負制	賃金締切日	毎月　末　日

		賃金計算期間	2 月 1 日から 2 月 28 日まで	3 月 1 日から 3 月 31 日まで	4 月 1 日から 4 月 30 日まで	計	
A	月・週その他一定の期間によって支払ったもの	総　日　数	28 日	31 日	30 日	(イ)	89 日
		基本賃金	円	円	円		円
		住宅手当	15,000	15,000	15,000		45,000
		家族手当	16,000	16,000	16,000		48,000
	賃金						
		計	31,000 円	31,000 円	31,000 円	(ロ)	93,000 円

		賃金計算期間	2 月 1 日から 2 月 28 日まで	3 月 1 日から 3 月 31 日まで	4 月 1 日から 4 月 30 日まで	計	
B	日若しくは時間又は出来高払制その他の請負制によって支払ったもの	総　日　数	28 日	31 日	30 日	(イ)	89 日
		労　働　日　数	22 日	23 日	20 日	(ハ)	65 日
		基本賃金	330,000	345,000	200,000		875,000
		手当					
		手当					
	賃金	退職金			(15,800,000)		
					算入せず		
		計	330,000 円	345,000 円	200,000 円	(ニ)	875,000 円

総　　　　計	361,000 円	376,000 円	231,000 円	(ホ)	968,000 円

平　均　賃　金	賃金総額 (ホ) 968,000 円÷総日数(イ) 89 ＝ 10,876 円 40 銭

最低保障平均賃金の計算方法

Aの(ロ)　　93,000 円÷総日数(イ) 89 ＝　　1,044 円　94 銭(ヘ)

Bの(ニ)　　875,000 円÷労働日数(ハ) 65 × $\frac{60}{100}$ ＝　8,076 円　92 銭(ト)

(ヘ)　　1,044 円 94 銭＋(ト) 8,076 円 92 銭　＝　9,121 円　86 銭（最低保障平均賃金）

日日雇い入れられる者の平均賃金（昭和38年労働省告示第52号による。）	第1号又は第2号の場合	賃金計算期間	(ル) 労働日数又は労働総日数	(を) 賃金総額	平均賃金($\frac{(を)}{(る)}×\frac{73}{100}$)
		月　日から 月　日まで	日	円	円　銭
	第3号の場合	都道府県労働局長が定める金額			円
	第4号の場合	従事する事業又は職業			
		都道府県労働局長が定めた金額			円

漁業及び林業労働者の平均賃金（昭和24年労働省告示第5号による。）	平均賃金協定額の承認 年 月 日 職種 平均賃金協定額 円

① 賃金計算期間のうち業務外の傷病の療養等のため休業した期間の日数及びその期間中の賃金を業務上の傷病の療養のため休業した期間の日数及びその期間中の賃金とみなして算定した平均賃金
（賃金の総額(ホ)−休業した期間にかかる②の(リ)）÷（総日数(イ)−休業した期間②の(チ)）
（　　　円−　　　円）÷（　　　日−　　　日）＝　　　円　　銭

様式第8号（別紙1） （表面）

労 働 保 険 番 号					氏 名	災害発生年月日
府県 所掌 管轄	基 幹 番 号	枝 番 号			山田 太郎	4 年 9 月 12 日
9 9 1 0 1	1 2 3 4 5 6					

平均賃金算定内訳

（労働基準法第12条参照のこと。）

雇 入 年 月 日		26 年 4 月 1 日		常用・日雇の別		（常用）・日雇
賃金支給方法		（月給）・週給・日給・時間給・出来高払制・その他請負制		賃金締切日		毎月 末 日

			賃 金 計 算 期 間	6月 1日から 月 30 日まで	7月 1日から 月 31 日まで	8月 1日から 月 31 日まで	計
A	月・週その他一定の期間によって支払ったもの	総 日 数		30 日	31 日	31 日	(イ) 92 日
		賃金	基 本 賃 金	340,000 円	340,000 円	340,000 円	1,020,000 円
			家 族 手 当	16,000	16,000	16,000	48,000
			皆 勤 手 当	10,000	10,000	10,000	30,000
			半期精勤		(150,000)		
					算入せず		
			計	366,000 円	366,000 円	366,000 円	(ロ) 1,098,000 円
B	日若しくは時間又は出来高払制その他の請負制によって支払ったもの	賃 金 計 算 期 間		6月 1日から 月 30 日まで	7月 1日から 月 31 日まで	8月 1日から 月 31 日まで	計
		総 日 数		30 日	31 日	31 日	(イ) 92 日
		労 働 日 数		25 日	24 日	23 日	(ハ) 72 日
		賃金	基 本 賃 金	円	円	円	円
			残 業 手 当	31,050	44,150	23,800	99,000
			手 当				
			計	31,050 円	44,150 円	23,800 円	(ニ) 99,000 円
総			計	397,050 円	410,150 円	389,800 円	(ホ) 1,197,000 円

平 均 賃 金	賃金総額(ホ) 1,197,000 円÷総日数(イ) 92 = 13,010 円 86 銭

最低保障平均賃金の計算方法
Aの(ロ) 1,098,000 円÷総日数(イ) 92 = 11,934 円 78 銭(ヘ)
Bの(ニ) 99,000 円÷労働日数(ハ) 72 × $\frac{60}{100}$ = 825 円 00 銭(ト)
(ヘ) 11,934 円78 銭+(ト) 825 円00 銭 = 12,759 円 78 銭(最低保障平均賃金)

日日雇い入れられる者の平均賃金（昭和38年労働省告示第52号による。）	第1号又は第2号の場合	賃 金 計 算 期 間	(リ) 労働日数又は労働総日数	(ヌ) 賃 金 総 額	平均賃金(ヌ÷リ×$\frac{73}{100}$)
		月 日から 月 日まで	日	円	円 銭
	第3号の場合	都道府県労働局長が定める金額			円
	第4号の場合	従事する事業又は職業			
		都道府県労働局長が定めた金額			円

漁業及び林業労働者の平均賃金（昭和24年労働省告示第5号による。）	平均賃金協定額の 承 認 年 月 日	年 月 日 職種	平均賃金協定額	円

① 賃金計算期間のうち業務外の傷病の療養等のため休業した期間の日数及びその期間中の賃金を業務
　上の傷病の療養のため休業した期間の日数及びその期間中の賃金とみなして算定した平均賃金
　（賃金の総額(ホ)－休業した期間にかかる②の(リ)） ÷ （総日数(イ)－休業した期間②の(チ)）
　（ 円－ 円）÷（ 日－ 日）= 円 銭

半期精勤手当は毎年1〜6月、7〜12月の出勤率によりそれぞれ7月及び1月に支給されているもので、3カ月を超える期間ごとに支払われる賃金なのでこれを除外して平均賃金を算定する。（労基法第12条第4項―賃金の総額には3カ月を超える期間ごとに支払われる賃金は算入しない。）

94

事例19 控除すべき日数と賃金（業務上災害による休業：49ページ）

様式第8号（別紙1） （表面）

労　働　保　険　番　号					氏　　　　　名	災害発生年月日
府県 所掌 管轄	基幹番号	枝番号			山田　太郎	4 年 8 月 9 日
9 9 1 0 1	1 2 3 4 5 6					

平均賃金算定内訳

<small>（労働基準法第12条参照のこと。）</small>

雇　入　年　月　日		24 年 4 月 1 日		常用・日雇の別		（常用）・日雇	
賃金支給方法		（月給）・週給・（日給）・時間給・出来高払制・その他請負制			賃金締切日	毎月 20 日	

		賃金計算期間	4月21日から 5月20日まで	5月21日から 6月20日まで	6月21日から 7月20日まで	計
A 月・週その他一定の期間によって支払ったもの	総　日　数		30 日	31 日	㉘ 30 日 ⑷	㉙ 91 日
	賃金	基本賃金	円	円	円	円
		家族手当	15,000	15,000	15,000	45,000
		役付手当	30,000	30,000	30,000	90,000
		皆勤 〃	7,000	7,000	5,600※	19,600
		計	52,000 円	52,000 円	（46,000） 50,600 円	（150,000） 154,600 円（ロ）
B 日若しくは時間又は出来高払制その他の請負制によって支払ったもの	賃金計算期間		4月21日から 5月20日まで	5月21日から 6月20日まで	6月21日から 7月20日まで	計
	総　日　数		30 日	31 日	㉘ 30 日 ⑷	㉙ 91 日
	労　働　日　数		21 日	24 日	20 日（ハ）	65 日
	賃金	基本賃金	210,000 円	240,000 円	200,000 円	650,000 円
		時間外手当	21,450	47,800	41,100	110,350
		手　当				
		計	231,450 円	287,800 円	241,100 円	760,350 円（ニ）
総　　　計			283,450 円	339,800 円	（287,100） 291,700 円（ト）	（910,350） 914,950 円
平　均　賃　金		賃金総額（ホ） 910,350 円÷総日数（イ） 89 ＝ 10,228 円 65 銭				

最低保障平均賃金の計算方法 （150,000＋760,350）

Aの（ロ）　150,000 円÷総日数（イ） 89 ＝　　　1,685 円　39 銭（ヘ）

Bの（ニ）　760,350 円÷労働日数（ハ） 65 × $\frac{60}{100}$ ＝　　7,018 円　61 銭（ト）

（ヘ）　1,685 円 39 銭＋（ト） 7,018 円 61 銭　＝　　8,704 円　00 銭（最低保障平均賃金）

日日雇い入れられる者の平均賃金（昭和38年労働省告示第52号による。）	第1号又は第2号の場合	賃金計算期間	（い） 労働日数又は労働総日数	（ろ）賃金総額	平均賃金（ろ÷い×$\frac{73}{100}$）
		月　日から 月　日まで	日	円	円　銭
	第3号の場合	都道府県労働局長が定める金額			円
	第4号の場合	従事する事業又は職業			
		都道府県労働局長が定めた金額			円
漁業及び林業労働者の平均賃金（昭和24年労働省告示第5号第2条による。）	平均賃金協定額の承認年月日	年　月　日 職種	平均賃金協定額		円

① 賃金計算期間のうち業務外の傷病の療養等のため休業した期間の日数及びその期間中の賃金を業務上の傷病の療養のため休業した期間の日数及びその期間中の賃金とみなして算定した平均賃金

（賃金の総額（ホ）−休業した期間にかかる②の（リ）） ÷ （総日数（イ）−休業した期間②の（チ））

（　　　円−　　　円）÷（　　　日−　　　日）＝　　　円　　　銭

（縦書き右側）

◆ 7/5・5/7・6の2日間は業務上負傷による休業であるので、労基法第12条第3項第1号によりその期間及びその期間に支払われた賃金を控除した残余の期間と賃金とで平均賃金を算定する。したがってAの（ロ）の金額は

（52,000＋52,000）＋50,600−

$\frac{50,600×2（休業日数）}{22（所定労働日数）}$

＝150,000（円）

となり（イ）の総日数は91日−2日＝89日となる。

※2日間休業した月の皆勤手当は、休業日数に応じて会社が決めた金額として想定。

※○囲みは休業日数を除いた日数。（　）内は休業した場合に支払われる金額。

（労基法第12条第3項第1号）

95

様式第8号（別紙1）　（表面）

労　働　保　険　番　号					氏　　　　名	災害発生年月日
府県	所掌	管轄	基　幹　番　号	枝番号	山田　太郎	4 年 6 月 30 日
9 9	1	0 1	1 2 3 4 5 6			

◆ 令4. 2. 15〜5. 10の間は産後の女性が労基法第65条の規定により休業した期間であるため法第12条第3項第2号によりその間の日数と賃金を控除して計算する。

Aの㋺の金額は、

$$0+\left(30,400-\frac{30,400}{19}\times8\right)+30,400=48,000\ となり㋑の総日数は、$$

15日＋31日＝46日である。（労基法第12条第3項第2号）

※○囲みは控除後の日数。（　）内は控除後の金額。

平均賃金算定内訳

（労働基準法第12条参照のこと。）

雇　入　年　月　日			27 年　4 月　26 日		常用・日雇の別		(常用)・日雇	
賃　金　支　給　方　法			(月給)・週給・(日給)・時間給・出来高払制・その他請負制			賃金締切日	毎月 25 日	

		賃金計算期間	3 月 26 日から 4 月 25 日まで	4 月 26 日から 5 月 25 日まで	5 月 26 日から 6 月 25 日まで	計	
A	月・週その他一定の期間によって支払ったもの	総 日 数	31 (0) 日	30 (15) 日	31 日	(イ) 92 (46) 日	
		賃金 基本賃金	円	円	円	円	
		通勤手当	0	10,400	10,400	20,800	
		住宅手当	20,000	20,000	20,000	60,000	
		計	(0) 円 20,400	(17,600) 円 30,400	30,400 円	(ロ) (48,000) 円 80,800	
B	日若しくは時間又は出来高払制その他の請負制によって支払ったもの	賃金計算期間	3 月 26 日から 4 月 25 日まで	4 月 26 日から 5 月 25 日まで	5 月 26 日から 6 月 25 日まで	計	
		総 日 数	31 (0) 日	30 (15) 日	31 日	(イ) 92 (46) 日	
		労 働 日 数	0 日	13 日	22 日	(ハ) 35 日	
		賃金 基本賃金	0 円	195,000 円	330,000 円	525,000 円	
		手当					
		手当					
		計	0 円	195,000 円	330,000 円	(ニ) 525,000 円	
総		計	(0) 円 20,000	(212,600) 円 225,400	360,400 円	(ホ) (573,000) 円 605,800	
平　均　賃　金		賃金総額(ホ) 573,000 円÷総日数(イ) 46 =				12,456 円 52 銭	

最低保障平均賃金の計算方法

Aの(ロ)	48,000 円÷総日数(イ) 46 =	1,043 円	47銭(ヘ)
Bの(ニ)	525,000 円÷労働日数(ハ) 35 × $\frac{60}{100}$ =	9,000 円	00銭(ト)
(ヘ)	1,043円47銭+(ト)9,000円00銭 =	10,043 円	47銭(最低保障平均賃金)

日日雇い入れられる者の平均賃金（昭和38年労働省告示第52号による。）	第1号又は第2号の場合	賃金計算期間	(リ) 労働日数又は労働総日数	(ヌ) 賃金総額	平均賃金(ヌ÷(リ)×$\frac{73}{100}$)
		月　日から 月　日まで	日	円	円　銭
	第3号の場合	都道府県労働局長が定める金額			円
	第4号の場合	従事する事業又は職業			
		都道府県労働局長が定めた金額			円

漁業及び林業労働者の平均賃金（昭和24年労働省告示第5号による。）	平均賃金協定額の承認年月日	年　　月　　日	職種	平均賃金協定額	円

① 賃金計算期間のうち業務外の傷病の療養等のため休業した期間の日数及びその期間中の賃金を業務上の傷病の療養のため休業した期間の日数及びその期間中の賃金とみなして算定した平均賃金

（賃金の総額(ホ)－休業した期間にかかる②の(リ)）÷（総日数(イ)－休業した期間②の(チ)）

（　　　　円－　　　　円）÷（　　　日－　　　日）＝　　　　円　　　銭

96

事例21 控除すべき日数と賃金 （使用者の責に帰すべき事由による休業：49ページ）

様式第8号（別紙1） （表面）

◆

令4・5／18、19、20の3日間は会社の都合による臨時休業（使用者の責に帰すべき事由による休業）であるから総日数より3日を控除し、さらに当該休業に対して支払われた休業手当を除外して平均賃金を算定したものである。

（労基法第12条第3項第3号）

※○囲みは控除後の日数。

労 働 保 険 番 号					氏　　名	災害発生年月日
府県	所掌	管轄	基幹番号	枝番号	山田 太郎	4 年 7 月 4 日
9 9	1	0 1	1 2 3 4 5 6			

平均賃金算定内訳

（労働基準法第12条参照のこと。）

雇 入 年 月 日	27 年 6 月 15 日	常用・日雇の別	(常用)・日雇
賃 金 支 給 方 法	月給・週給・(日給)・時間給・出来高払制・その他請負制	賃金締切日	毎月 末 日

A欄

		賃金計算期間	月 日から 月 日まで	月 日から 月 日まで	月 日から 月 日まで	計
A	よって支払ったもの 月・週その他一定の期間に	総 日 数	日	日	日	(イ) 日
	賃金	基本賃金	円	円	円	円
		手 当				
		手 当				
		計	円	円	円	(ロ) 円

B欄

		賃金計算期間	4月1日から 4月30日まで	5月1日から 5月31日まで	6月1日から 6月30日まで	計
B	他の請負制によって支払ったもの 日若しくは時間又は出来高払制その	総 日 数	30 日	31 (28) 日	30 日	(イ) 91 (88) 日
		労 働 日 数	23 日	21 日	24 日	(ハ) 68 日
	賃金	基本賃金	253,000 円	231,000 円	264,000 円	748,000 円
		残業手当	22,400	18,900	27,700	69,000
		休業手当		33,800		33,800
				休業手当 ▲33,800		▲33,800
		計	275,400 円	249,900 円	291,700 円	(ニ) 817,000 円
総		計	275,400 円	249,900 円	291,700 円	(ホ) 817,000 円

平 均 賃 金	賃金総額(ホ) 817,000 円÷総日数(イ) 88 = 9,284 円 09 銭

最低保障平均賃金の計算方法

Aの(ロ)　　　　0 円÷総日数(イ) 88 ＝　　　　0 円　00銭(ヘ)

Bの(ニ)　　817,000 円÷労働日数(ハ) 68 × $\frac{60}{100}$ ＝　7,208 円　82銭(ト)

(ヘ)　　　　0 円00 銭＋(ト)7,208 円82 銭　＝　7,208 円　82銭（最低保障平均賃金）

日日雇い入れられる者の平均賃金（昭和38年労働省告示第52号による。）	第1号又は第2号の場合	賃金計算期間	(ル) 労働日数又は労働総日数	(ヲ) 賃金総額	平均賃金(ヲ÷ル× $\frac{73}{100}$)
		月 日から 月 日まで	日	円	円 銭
	第3号の場合	都道府県労働局長が定める金額			円
	第4号の場合	従事する事業又は職業			
		都道府県労働局長が定めた金額			円

漁業及び林業労働者の平均賃金（昭和24年労働省告示第5号による。）	平均賃金協定額の承認年月日	年 月 日 職種	平均賃金協定額	円

① 賃金計算期間のうち業務外の傷病の療養等のため休業した期間の日数及びその期間中の賃金を業務
　上の傷病の療養のため休業した期間の日数及びその期間中の賃金とみなして算定した平均賃金
　（賃金の総額(ホ)－休業した期間にかかる②の(リ)） ÷ （総日数(イ)－休業した期間②の(チ)）
　（　　　　　円－　　　　　円）÷（　　　　日－　　　　日）＝　　　　円　　　銭

様式第8号（別紙1）　（表面）

◆

4／5に1時間、4／12に2時間、5／2に1時間30分の生産調整による休業時間が含まれているので、これらの日（3日）は事業主の責による休業として総日数より控除し、さらにその3日間の賃金も賃金の総額から除外して平均賃金を算定する。

《労基法第12条第3項第3号、昭25・8・28基収第2397号》

※○囲みは控除後の日数。

労　働　保　険　番　号						氏　　　　名	災害発生年月日
府県 所掌 管轄	基　幹　番　号	枝番号				山田　太郎	4 年 7 月 5 日
9 9 1 0 1	1 2 3 4 5 6						

平均賃金算定内訳

（労働基準法第12条参照のこと。）

雇 入 年 月 日	27 年 1 月 6 日	常用・日雇の別	(常 用)・日 雇
賃金支給方法	月給・週給・(日給)・時間給・出来高払制・その他請負制	賃金締切日	毎月 末 日

<table>
<tr><td rowspan="8">A
月・週その他一定の期間によって支払ったもの</td><td colspan="2">賃 金 計 算 期 間</td><td>月　日から
月　日まで</td><td>月　日から
月　日まで</td><td>月　日から
月　日まで</td><td colspan="2">計</td></tr>
<tr><td colspan="2">総　日　数</td><td>日</td><td>日</td><td>日</td><td>(イ)</td><td>日</td></tr>
<tr><td rowspan="5">賃

金</td><td>基 本 賃 金</td><td>円</td><td>円</td><td>円</td><td colspan="2">円</td></tr>
<tr><td>手　　当</td><td></td><td></td><td></td><td colspan="2"></td></tr>
<tr><td>手　　当</td><td></td><td></td><td></td><td colspan="2"></td></tr>
<tr><td></td><td></td><td></td><td></td><td colspan="2"></td></tr>
<tr><td>計</td><td>円</td><td>円</td><td>円</td><td>(ロ)</td><td>円</td></tr>
<tr><td colspan="9"></td></tr>
</table>

<table>
<tr><td rowspan="8">B
他の請負制によって支払ったもの若しくは労働日数又は出来高払制その時間又は出来高払制その</td><td colspan="2">賃 金 計 算 期 間</td><td>4 月 1 日から
4 月 30 日まで</td><td>5 月 1 日から
5 月 31 日まで</td><td>6 月 1 日から
6 月 30 日まで</td><td colspan="2">計</td></tr>
<tr><td colspan="2">総　日　数</td><td>30 ㉘ 日</td><td>31 ㉚ 日</td><td>30 日</td><td>(イ)</td><td>91 ㊽ 日</td></tr>
<tr><td colspan="2">労 働 日 数</td><td>24 ㉒ 日</td><td>22 ㉑ 日</td><td>24 日</td><td>(ハ)</td><td>70 ㊻ 日</td></tr>
<tr><td rowspan="5">賃

金</td><td>基 本 賃 金</td><td>242,000 円</td><td>231,000 円</td><td>264,000 円</td><td colspan="2">737,000 円</td></tr>
<tr><td>時間外手当</td><td>14,800 円</td><td>15,200 円</td><td>17,800 円</td><td colspan="2">47,800 円</td></tr>
<tr><td>手　　当</td><td colspan="3">（注）242,000円及び231,000円は休業日の賃金を
　　　控除した額である。</td><td colspan="2"></td></tr>
<tr><td></td><td></td><td></td><td></td><td colspan="2"></td></tr>
<tr><td>計</td><td>256,800 円</td><td>246,200 円</td><td>281,800 円</td><td>(ニ)</td><td>784,800 円</td></tr>
</table>

総	計	256,800 円	246,200 円	281,800 円	(ホ)	784,800 円
平 　 均 　 賃 　 金		賃金総額(ホ) 784,800 円÷総日数(イ) 88 =			8,918 円	18 銭

最低保障平均賃金の計算方法			
Aの(ロ)	0 円÷総日数(イ) 88 =	0 円	00 銭 (ヘ)
Bの(ニ)	784,800 円÷労働日数(ハ) 67 × $\frac{60}{100}$ =	7,028 円	05 銭 (ト)
(ヘ)	0 円00 銭+(ト) 7,028 円05 銭 =	7,028 円	05 銭 (最低保障平均賃金)

<table>
<tr><td rowspan="5">日日雇い入れられる者の平均賃金（昭和38年労働省告示第52号による。）</td><td>第1号又は第2号の場合</td><td>賃金計算期間</td><td>(い) 労働日数又は労働総日数</td><td>(ろ) 賃金総額</td><td>平均賃金(ろ÷い×$\frac{73}{100}$)</td></tr>
<tr><td></td><td>月　日から
月　日まで</td><td>日</td><td>円</td><td>円　　銭</td></tr>
<tr><td>第3号の場合</td><td colspan="3">都道府県労働局長が定める金額</td><td>円</td></tr>
<tr><td>第4号の場合</td><td colspan="3">従事する事業又は職業</td><td></td></tr>
<tr><td></td><td colspan="3">都道府県労働局長が定めた金額</td><td>円</td></tr>
</table>

漁業及び林業労働者の平均賃金（昭和24年労働省告示第5号第2条による。）	平均賃金協定額の承認年月日　　年　　月　　日 職種　　　　平均賃金協定額	円

① 賃金計算期間のうち業務外の傷病の療養等のため休業した期間の日数及びその期間中の賃金を業務
　上の傷病の療養のため休業した期間の日数及びその期間中の賃金とみなして算定した平均賃金
　（賃金の総額(ホ)－休業した期間にかかる②の(リ)）　÷　（総日数(イ)－休業した期間②の(チ)）
　（　　　　　円－　　　　　円）　÷　（　　　日－　　　日）＝　　　　円　　　銭

事例23 控除すべき日数と賃金（試みの使用期間：50ページ）

様式第8号（別紙1）　（表面）

労　働　保　険　番　号					氏　　　　　名	災害発生年月日
府県 所掌 管轄	基　幹　番　号	枝番号			山　田　太　郎	4 年 5 月 27 日
9 9 1 0 1	1 2 3 4 5 6					

◆ 令4.4.1～4.14の14日間は試みの使用期間のためその期間の日数及び賃金を除外し残余の期間と賃金とにより平均賃金を算定する。（労基法第12条第3項第5号）※○囲みは控除後の日数。

平均賃金算定内訳

（労働基準法第12条参照のこと。）

雇　入　年　月　日			1 年 4 月 1 日		常用・日雇の別		（常用）・日雇	
賃金支給方法			（月給）・週給・（日給）・時間給・出来高払制・その他請負制			賃金締切日	毎月 25 日	

		賃金計算期間	4月 1日から 月25日まで	4月26日から 5月25日まで	月 日から 月 日まで	計		
A	月・週その他一定の期間によって支払ったもの	総　日　数	25 ⑪ 日	30 日	日	(イ) 55 ㊶ 日		
		基本賃金	円	円		円		
	賃	通勤手当	3,300	9,000		12,300		
		皆勤手当	5,500	15,000		20,500		
	金							
		計	8,800 円	24,000 円	円	(ロ) 32,800 円		
B	日若しくは時間又は出来高払制その他の請負制によって支払ったもの	賃金計算期間	4月 1日から 月25日まで	4月26日から 5月25日まで	月 日から 月 日まで	計		
		総　日　数	25 ⑪ 日	30 日	日	(イ) 55 ㊶ 日		
		労　働　日　数	21 ⑨ 日	24 日	日	(ハ) 45 ㉝ 日		
		基本賃金	90,000	240,000		330,000		
	賃	残業手当	6,300	14,700		21,000		
		生産手当	3,000	27,000		30,000		
	金							
		計	99,300 円	281,700 円	円	(ニ) 381,000 円		
総		計	108,100 円	305,700 円	円	(ホ) 413,800 円		

平　均　賃　金	賃金総額(ホ) 413,800 円÷総日数(イ) 41 = 10,092 円 68 銭

最低保障平均賃金の計算方法（注）4月分の賃金は試用期間中の賃金を控除した額である。
Aの(ロ)　　32,800 円÷総日数(イ) 41 =　　800 円 00 銭(ヘ)
Bの(ニ)　　381,000 円÷労働日数(ハ) 33 × 60/100 =　6,927 円 27 銭(ト)
(ヘ)　　800 円00 銭+(ト)6,927円27銭 =　7,727 円 27 銭(最低保障平均賃金)

日日雇い入れられる者の平均賃金（昭和38年労働省告示第52号による。）	第1号又は第2号の場合	賃金計算期間	(ろ) 労働日数又は労働総日数	(は) 賃金総額	平均賃金(は)÷(ろ)×73/100
		月 日から 月 日まで	日	円	円 銭
	第3号の場合	都道府県労働局長が定める金額			円
	第4号の場合	従事する事業又は職業			
		都道府県労働局長が定めた金額			円

漁業及び林業労働者の平均賃金（昭和24年労働省告示第5号による。）	平均賃金協定額の承認　年月日	年 月 日 職種	平均賃金協定額	円

① 賃金計算期間のうち業務外の傷病の療養等のため休業した期間の日数及びその期間中の賃金を業務上の傷病の療養のため休業した期間の日数及びその期間中の賃金とみなして算定した平均賃金
（賃金の総額(ホ)－休業した期間にかかる②の(リ)）÷（総日数(イ)－休業した期間②の(チ)）
（　　　円－　　　円）÷（　　　日－　　　日）=　　　円　　　銭

99

様式第8号（別紙1）　（表面）

◆

労　働　保　険　番　号						氏　　　名	災害発生年月日
府県	所掌	管轄	基幹番号	枝番号		山田　太郎	4 年 6 月 10 日
9　9	1	0　1	1　2　3　4　5　6				

平均賃金算定内訳

（労働基準法第12条参照のこと。）

雇入年月日			26 年 7 月 31 日			常用・日雇の別		(常用)・日雇	
賃金支給方法			(月給)・週給・(日給)・時間給・出来高払制・その他請負制			賃金締切日		毎月 25 日	

			賃金計算期間	2 月 26 日から 3 月 25 日まで	3 月 26 日から 4 月 25 日まで	4 月 26 日から 5 月 25 日まで	計	
A	月・週その他一定の期間によって支払ったもの	総　日　数		28 日	31 (24) 日	30 日	(イ) 89 (82) 日	
		賃金	基本賃金	円	円	円	円	
			通勤手当	9,600	9,600	9,600	28,800	
			手当					
			手当					
			計	9,600 円	9,600 円	9,600 円	(ロ) 28,800 円	

			賃金計算期間	2 月 26 日から 3 月 25 日まで	3 月 26 日から 4 月 25 日まで	4 月 26 日から 5 月 25 日まで	計	
B	日若しくは時間又は出来高払制その他の請負制によって支払ったもの	総　日　数		28 日	31 (24) 日	30 日	(ロ) 89 (82) 日	
		労働日数		22 日	16 日	22 日	(ハ) 60 日	
		賃金	基本賃金	264,000 円	192,000 円	264,000 円	720,000 円	
			手当					
			手当					
			計	264,000 円	192,000 円	264,000 円	(ニ) 720,000 円	

総			計	273,600 円	201,600 円	273,600 円	(ホ) 748,800 円	
平　均　賃　金			賃金総額(ホ) 748,800 円÷総日数(イ) 89 ＝				8,413 円 48 銭	

最低保障平均賃金の計算方法

Aの(ロ)　　28,800 円÷総日数(イ) 89 ＝　　　　323 円 59銭 (ヘ)

Bの(ニ)　　720,000 円÷労働日数(ハ) 60 × $\frac{60}{100}$ ＝　7,200 円 00銭 (ト)

(ヘ)　323 円 59 銭＋(ト) 7,200 円00銭　＝　　7,523 円 59 銭（最低保障平均賃金）

日日雇い入れられる者の平均賃金（昭和38年労働省告示第52号による。）	第1号又は第2号の場合	賃金計算期間	(リ) 労働日数又は労働総日数	(ヌ) 賃金総額	平均賃金(ヌ÷(リ)× $\frac{73}{100}$)
		月 日から 月 日まで	日	円	円 銭
	第3号の場合	都道府県労働局長が定める金額			円
	第4号の場合	従事する事業又は職業			
		都道府県労働局長が定めた金額			円

漁業及び林業労働者の平均賃金（昭和24年労働省告示第5号による。）	平均賃金協定額の承認年月日　　年　月　日 職種　　　　　平均賃金協定額　　　　　円

① 賃金計算期間のうち業務外の傷病の療養等のため休業した期間の日数及びその期間中の賃金を業務上の傷病の療養のため休業した期間の日数及びその期間中の賃金とみなして算定した平均賃金

（賃金の総額(ホ)−休業した期間にかかる②の(リ)）　÷　（総日数(イ)−休業した期間②の(チ)）

（　748,800 円−　　2,168 円）÷（　89 日−　7 日）＝　9,105 円　26 銭

令2.3.28～4.3の7日間は風邪による休業のためその日数及び金額は控除されるため(イ)の日数は89日−7日＝82日（労災法第8条第2項、同法施行規則第9条第1号）※○囲みは控除後の日数。

その期間中の賃金は9,600÷31日×7日＝2,168円となる。

様式第8号（別紙1）　（裏面）

賃 金 計 算 期 間	3月26日から 4月25日まで	月 日から 月 日まで	月 日から 月 日まで	計
② 業務外の傷病の療養等のため休業した期間 及びその期間中の賃金の内訳				

② 業務外の傷病の療養等のため休業した期間
　及びその期間中の賃金の内訳

賃 金 計 算 期 間	3月26日から 4月25日まで	月 日から 月 日まで	月 日から 月 日まで	計
業務外の傷病の療養等のため 休業した期間の日数	7 日	日	日	(チ) 7 日
業務外の傷病の療養等のため休業した期間中の賃金	基 本 賃 金	円	円	円	円
	通 勤 手 当	2,168			2,168
	手 当				
	計	2,168 円	円	円	(リ) 2,168 円
休 業 の 事 由	風邪による休業			

③ 特 別 給 与 の 額	支 払 年 月 日	支 払 額
	年 月 日	円
	年 月 日	円
	年 月 日	円
	年 月 日	円
	年 月 日	円
	年 月 日	円
	年 月 日	円

[注 意]
　③欄には、負傷又は発病の日以前2年間（雇入後2年に満たない者については、雇入後の期間）に支払われた労働基準法第12条第4項の3箇月を超える期間ごとに支払われる賃金（特別給与）について記載してください。
　ただし、特別給与の支払時期の臨時的変更等の理由により負傷又は発病の日以前1年間に支払われた特別給与の総額を特別支給金の算定基礎とすることが適当でないと認められる場合以外は、負傷又は発病の日以前1年間に支払われた特別給与の総額を記載して差し支えありません。

事例25 控除すべき日数と賃金
（親族の療養の看護のため休業した場合の期間：52ページ）

様式第8号（別紙1）　（表面）

労　働　保　険　番　号						氏　　　名	災害発生年月日
府県	所掌	管轄	基幹番号	枝番号		山田　太郎	4 年 6 月 10 日
9 9	1	0 1	1 2 3 4 5 6				

平均賃金算定内訳

<small>（労働基準法第12条参照のこと。）</small>

雇入年月日			26 年 6 月 26 日	常用・日雇の別		（常用）・日雇
賃金支給方法			（月給）・週給・（日給）・時間給・出来高払制・その他請負制	賃金締切日		毎月 25 日

		賃金計算期間	2月26日から 3月25日まで	3月26日から 4月25日まで	4月26日から 5月25日まで	計
A	月・週その他一定の期間によって支払ったもの	総　日　数	28 日	31 日	30 ㉕ 日	(イ) 89 ㊽ 日
	賃金	基本賃金	円	円	円	円
		通勤手当	9,600	9,600	9,600	28,800
		手当				
		手当				
		計	9,600 円	9,600 円	9,600 円	28,800 円
B	日若しくは時間又は出来高払制その他の請負制によって支払ったもの	賃金計算期間	2月26日から 3月25日まで	3月26日から 4月25日まで	4月26日から 5月25日まで	計
		総　日　数	28 日	31 日	30 ㉕ 日	(イ) 89 ㊽ 日
		労　働　日　数	22 日	23 日	17 日	(ハ) 62 日
	賃金	基本賃金	264,000 円	276,000 円	204,000 円	744,000 円
		手当				
		手当				
		計	264,000 円	276,000 円	204,000 円	744,000 円
総		計	273,600 円	285,600 円	213,600 円	(ホ) 772,800 円
平　均　賃　金		賃金総額(ホ) 772,800 円÷総日数(イ) 89 = 8,683 円 14 銭				

最低保障平均賃金の計算方法

Aの(ロ)	28,800 円÷総日数(イ) 89 =	323 円 59 銭(ヘ)
Bの(ニ)	744,000 円÷労働日数(ハ) 62 × $\frac{60}{100}$ =	7,200 円 00 銭(ト)
(ヘ)	323 円 59 銭+(ト)7,200 円00 銭　=	7,523 円 59 銭(最低保障平均賃金)

日日雇い入れられる者の平均賃金（昭和38年労働省告示第52号による。）	第1号又は第2号の場合	賃金計算期間	(い) 労働日数又は労働総日数	(ろ) 賃金総額	平均賃金(ろ÷い × $\frac{73}{100}$)
		月　日から 月　日まで	日	円	円　銭
	第3号の場合	都道府県労働局長が定める金額			円
	第4号の場合	従事する事業又は職業			
		都道府県労働局長が定めた金額			円

漁業及び林業労働者の平均賃金（昭和24年労働省告示第5号第2条）	平均賃金協定額の承認年月日	年　月　日 職種	平均賃金協定額	円

① 賃金計算期間のうち業務外の傷病の療養等のため休業した期間の日数及びその期間中の賃金を業務
上の傷病の療養のため休業した期間の日数及びその期間中の賃金とみなして算定した平均賃金
（賃金の総額(ホ)－休業した期間にかかる②の(リ)）　÷　（総日数(イ)－休業した期間②の(チ)）
（　772,800 円－　16,600 円）÷（　89 日－　5 日）=　9,002 円 38 銭

令4.4.26～4.4.30の5日間は親族の看護による休業のため、その日数及び賃金を控除するための(イ)の日数は89日－5日＝84日、その期間中の通勤手当は9,600÷30日×5日＝1,600円となり、その他に欠勤1日当り3,000円を支払った（3,000円×5日）。※次頁参照
（労災法第8条第2項、同法施行規則第9条第1号）
※〇囲みは控除後の日数。

様式第8号（別紙1）　（裏面）

② 業務外の傷病の療養等のため休業した期間及びその期間中の賃金の内訳				
賃 金 計 算 期 間	4月26日から 4月30日まで	月　日から 月　日まで	月　日から 月　日まで	計
業務外の傷病の療養等のため休業した期間の日数	5 日	日	日	(チ) 5 日
業務外の傷病の療養等のため休業した期間中の賃金　基 本 賃 金	15,000 円	円	円	15,000 円
通 勤 手 当	1,600			1,600
手 当				
計	16,600 円	円	円	(リ) 16,600 円
休 業 の 事 由	配偶者が盲腸にて入院したため、その看護として付添休業したもの ※賃金は、その欠勤1日当たり3,000円を支払った			

③ 特別給与の額	支 払 年 月 日	支 払 額
	年　月　日	円
	年　月　日	円
	年　月　日	円
	年　月　日	円
	年　月　日	円
	年　月　日	円
	年　月　日	円

［注　意］

　③欄には、負傷又は発病の日以前2年間（雇入後2年に満たない者については、雇入後の期間）に支払われた労働基準法第12条第4項の3箇月を超える期間ごとに支払われる賃金（特別給与）について記載してください。

　ただし、特別給与の支払時期の臨時的変更等の理由により負傷又は発病の日以前1年間に支払われた特別給与の総額を特別支給金の算定基礎とすることが適当でないと認められる場合以外は、負傷又は発病の日以前1年間に支払われた特別給与の総額を記載して差し支えありません。

103

様式第8号（別紙1）（表面）

◆労基法第12条第6項の規定により雇い入れ後3カ月に満たない者については雇い入れ後の期間を算定期間とする。なお、雇い入れ後3カ月未満で賃金締切日がある場合は直前の締切日から起算する。

《昭23.4.22基収第1065号》

労　働　保　険　番　号						氏　　　　名	災害発生年月日
府県 所掌 管轄	基幹番号	枝番号				山田 太郎	4 年 6 月 10 日
9 9 1 0 1	1 2 3 4 5 6						

平均賃金算定内訳

（労働基準法第12条参照のこと。）

雇入年月日	4 年 4 月 28 日		常用・日雇の別	（常用）・日雇
賃金支給方法	（月給）・週給・（日給）・時間給・出来高払制・その他請負制		賃金締切日 毎月 末 日	

<table>
<tr><td rowspan="8">A</td><td colspan="2">賃金計算期間</td><td>4月 28日から
月 30日まで</td><td>5月 1日から
月 31日まで</td><td>月 日から
月 日まで</td><td colspan="2">計</td></tr>
<tr><td rowspan="8">月・週その他一定の期間によって支払ったもの</td><td>総　日　数</td><td>3 日</td><td>31 日</td><td> 日</td><td>(イ)</td><td>34 日</td></tr>
<tr><td rowspan="7">賃

金</td><td>基 本 賃 金</td><td> 円</td><td> 円</td><td> 円</td><td></td><td> 円</td></tr>
<tr><td>家族手当</td><td></td><td>16,000</td><td></td><td></td><td>16,000</td></tr>
<tr><td>手　当</td><td></td><td></td><td></td><td></td><td></td></tr>
<tr><td></td><td></td><td></td><td></td><td></td><td></td></tr>
<tr><td></td><td></td><td></td><td></td><td></td><td></td></tr>
<tr><td>計</td><td> 円</td><td>16,000</td><td> 円</td><td>(ロ)</td><td>16,000 円</td></tr>
</table>

<table>
<tr><td rowspan="8">B</td><td colspan="2">賃金計算期間</td><td>4月 28日から
月 30日まで</td><td>5月 1日から
月 31日まで</td><td>月 日から
月 日まで</td><td colspan="2">計</td></tr>
<tr><td rowspan="8">日若しくは時間又は出来高払制その他の請負制によって支払ったもの</td><td>総　日　数</td><td>3 日</td><td>31 日</td><td> 日</td><td>(イ)</td><td>34 日</td></tr>
<tr><td>労 働 日 数</td><td>2 日</td><td>21 日</td><td> 日</td><td>(ハ)</td><td>23 日</td></tr>
<tr><td rowspan="6">賃

金</td><td>基 本 賃 金</td><td>23,000 円</td><td>241,500 円</td><td> 円</td><td></td><td>264,500 円</td></tr>
<tr><td>残業手当</td><td>3,500</td><td>26,700</td><td></td><td></td><td>30,200</td></tr>
<tr><td>手　当</td><td></td><td></td><td></td><td></td><td></td></tr>
<tr><td></td><td></td><td></td><td></td><td></td><td></td></tr>
<tr><td></td><td></td><td></td><td></td><td></td><td></td></tr>
<tr><td>計</td><td>26,500 円</td><td>268,200 円</td><td> 円</td><td>(ニ)</td><td>294,700 円</td></tr>
</table>

総	計	26,500 円	284,200 円	円	(ホ)	310,700 円

平　均　賃　金	賃金総額(ホ) 310,700 円÷総日数(イ) 34 =	9,138 円 23 銭

最低保障平均賃金の計算方法

Aの(ロ)	16,000 円÷総日数(イ) 34 =	470 円 58 銭(ヘ)
Bの(ニ)	294,700 円÷労働日数(ハ) 23×$\frac{60}{100}$ =	7,687 円 82 銭(ト)
(ヘ)	470円58銭+(ト) 7,687円82銭 =	8,158 円 40 銭（最低保障平均賃金）

<table>
<tr><td rowspan="3">日日雇い入れられる者の平均賃金（昭和38年労働省告示第52号による。）</td><td>第1号又は第2号の場合</td><td>賃金計算期間
月 日から
月 日まで</td><td>(ぬ) 労働日数又は労働総日数
 日</td><td>(る) 賃金総額
 円</td><td>平均賃金(る)÷(ぬ)×$\frac{73}{100}$
 円 銭</td></tr>
<tr><td>第3号の場合</td><td colspan="2">都道府県労働局長が定める金額</td><td colspan="2"> 円</td></tr>
<tr><td>第4号の場合</td><td colspan="2">従事する事業又は職業
都道府県労働局長が定めた金額</td><td colspan="2"> 円</td></tr>
</table>

漁業及び林業労働者の平均賃金（昭和24年労働省告示第5号第2条による。）	平均賃金協定額の承認年月日 年 月 日 職種 平均賃金協定額 円

① 賃金計算期間のうち業務外の傷病の療養等のため休業した期間の日数及びその期間中の賃金を業務上の傷病の療養のため休業した期間の日数及びその期間中の賃金とみなして算定した平均賃金
（賃金の総額(ホ)－休業した期間にかかる②の(リ)）÷（総日数(イ)－休業した期間②の(チ)）
（　　　　円－　　　　円）÷（　　　　日－　　　　日）＝　　　　円　　銭

事例27	雇い入れ後３カ月に満たない場合 （雇い入れ後の期間が短い場合：54ページ）

様式第８号（別紙1）　（表面）

縦書き（左側）：
雇い入れ後短期間で平均賃金の算定事由が発生した場合であっても労基法第12条第6項の規定により雇い入れ後の期間と賃金とにより平均賃金を算出する。

なお、通勤手当は1カ月9,600円を日割計算したものであり、食事手当は、出勤1日について500円支給されるものである。

《昭23.4.22基収第1065号》

労　働　保　険　番　号						氏　　　　　名	災害発生年月日
府県	所掌	管轄	基幹番号	枝番号		山田　太郎	4 年 5 月 25 日
9 9	1	0 1	1 2 3 4 5 6				

平均賃金算定内訳

（労働基準法第12条参照のこと。）

雇入年月日	4 年 5 月 20 日	常用・日雇の別	⓸常用・日雇

賃金支給方法	月給・週給・⓸日給・時間給・出来高払制・その他請負制	賃金締切日	毎月 15 日

A（月・週その他一定の期間によって支払ったもの）

	賃金計算期間	5 月 20 日から 5 月 24 日まで	月 日から 月 日まで	月 日から 月 日まで	計
	総　日　数	5 日	日	日	(イ) 5 日
賃金	基本賃金	円	円	円	円
	通勤手当	1,600			1,600
	手当				
	計	1,600 円	円	円	(ロ) 1,600 円

B（日若しくは時間又は出来高払制その他の請負制によって支払ったもの）

	賃金計算期間	5 月 20 日から 5 月 24 日まで	月 日から 月 日まで	月 日から 月 日まで	計
	総　日　数	5 日	日	日	(イ) 5 日
	労　働日数	4 日	日	日	(ハ) 4 日
賃金	基本賃金	40,000 円			40,000 円
	時間外手当	7,100			7,100
	食事手当	2,000			2,000
	計	49,100 円	円	円	(ニ) 49,100 円

総　　　　計				(ホ) 50,700 円

平　均　賃　金	賃金総額(ホ) 50,700 円÷総日数(イ) 5 = 10,140 円 00 銭

最低保障平均賃金の計算方法

Aの(ロ)	1,600 円÷総日数(イ) 5 =	320 円 00 銭(ヘ)
Bの(ニ)	49,100 円÷労働日数(ハ) 4 × $\frac{60}{100}$ =	7,365 円 00 銭(ト)
(ヘ)	320 円00銭+(ト)7,365 円00銭 =	7,685 円 00 銭(最低保障平均賃金)

日日雇い入れられる者の平均賃金（昭和38年労働省告示第52号による。）	第1号又は第2号の場合	賃金計算期間	(リ)労働日数又は労働総日数	(ヌ)賃金総額	平均賃金(ヌ÷リ× $\frac{73}{100}$)
		月 日から 月 日まで	日	円	円 銭
	第3号の場合	都道府県労働局長が定める金額			円
	第4号の場合	従事する事業又は職業			
		都道府県労働局長が定めた金額			円

漁業及び林業労働者の平均賃金（昭和24年労働省告示第5号第2条による。）	平均賃金協定額の承認年月日 年 月 日 職種 平均賃金協定額 円

① 賃金計算期間のうち業務外の傷病の療養等のため休業した期間の日数及びその期間中の賃金を業務上の傷病の療養のため休業した期間の日数及びその期間中の賃金とみなして算定した平均賃金

（賃金の総額(ホ)−休業した期間にかかる②の(リ)）÷（総日数(イ)−休業した期間②の(チ)）

（　　　　円−　　　　円）÷（　　　日−　　　日）=　　　円　　　銭

事例28　雇い入れ後３カ月に満たない場合
（新会社への転籍は「雇い入れ」後としなかった場合：54ページ）

様式第8号（別紙1）　（表面）

◆ 本例は、令４・５・31以前は親会社に勤務しており、令４・６・１に子会社が操業を開始すると同時に子会社に転籍し、転籍後１カ月ほどで平均賃金を算定する事由が発生した場合である。

このような場合には、一般的には、例えば新設会社と旧会社間の交流が両者一体の関係（親子傍示関係等）にあるときは、旧会社における期間を通算して平均賃金を算定する。

なお、賃金締切日が新旧の会社で異なる場合には、賃金の締切日が変更された場合と同様に取り扱う。

〈昭27・4・21基収第1946号〉

労　働　保　険　番　号					氏　　名	災害発生年月日
府県 所掌 管轄	基幹番号	枝番号			山田　太郎	4 年 7 月 4 日
9 9 1 0 1	1 2 3 4 5 6					

平均賃金算定内訳

（労働基準法第12条参照のこと。）

雇入年月日			4 年 6 月 1 日		常用・日雇の別	（常用）・日雇	
賃金支給方法			（月給）・週給・（日給）・時間給・出来高払制・その他請負制		賃金締切日	毎月 末 日	

A		賃金計算期間	4月1日から 4月30日まで	5月1日から 5月31日まで	6月1日から 6月30日まで	計	
月・週その他一定の期間によって支払ったもの		総　日　数	30 日	31 日	30 日	（イ）	91 日
	賃金	基本賃金	310,000 円	310,000 円	295,000 円	915,000 円	
		家族手当	12,000	12,000	15,000	39,000	
		住宅手当	17,000	17,000	17,000	51,000	
		計	339,000 円	339,000 円	327,000 円	（ロ）	1,005,000 円

B		賃金計算期間	4月1日から 4月30日まで	5月1日から 5月31日まで	6月1日から 6月30日まで	計	
日若しくは時間又は出来高払制その他の請負制によって支払ったもの		総　日　数	30 日	31 日	30 日	（イ）	91 日
		労　働　日　数	22 日	21 日	26 日	（ハ）	69 日
	賃金	基本賃金	円	円	円	円	
		残業手当	21,800	22,500	34,600	78,900	
		生産手当			40,000	40,000	
		計	21,800 円	22,500 円	74,600 円	（ニ）	118,900 円

総　　　　計	360,800 円	361,500 円	401,600 円	（ホ）	1,123,900 円

平　均　賃　金	賃金総額（ホ）1,123,900 円÷総日数（イ） 91 ＝ 12,350 円 54 銭

最低保障平均賃金の計算方法
Aの（ロ）　　1,005,000 円÷総日数（イ） 91 ＝ 11,043 円 95 銭（ヘ）
Bの（ニ）　　118,900 円÷労働日数（ハ） 69 × $\frac{60}{100}$ ＝ 1,033 円 91 銭（ト）
（ヘ）　11,043 円 95 銭＋（ト）1,033 円 91 銭 ＝ 12,077 円 86 銭（最低保障平均賃金）

日日雇い入れられる者の平均賃金（昭和38年労働省告示第52号による。）	第1号又は第2号の場合	賃金計算期間	（ル）労働日数又は労働総日数	（ヲ）賃金総額	平均賃金（ヲ÷（ル）× $\frac{73}{100}$）
		月 日から 月 日まで	日	円	円 銭
	第3号の場合	都道府県労働局長が定める金額			円
	第4号の場合	従事する事業又は職業			
		都道府県労働局長が定めた金額			円

漁業及び林業労働者の平均賃金（昭和24年労働省告示第5号による。）	平均賃金協定額の承認年月日 年 月 日 職種 平均賃金協定額 円

① 賃金計算期間のうち業務外の傷病の療養等のため休業した期間の日数及びその期間中の賃金を業務上の傷病の療養のため休業した期間の日数及びその期間中の賃金とみなして算定した平均賃金
（賃金の総額（ホ）－休業した期間にかかる②の（リ）） ÷ （総日数（イ）－休業した期間②の（チ））
（ 　　　円－ 　　　円） ÷ （ 　　　日－ 　　　日）＝ 　　　円 　　銭

事例29 雇い入れ後３カ月に満たない場合
（定年退職後、継続再雇用され、再雇用後３カ月未満の場合：55ページ）

様式第8号（別紙1）（表面）

◆本例は、令4・4・30定年退職し、令4・5・1から嘱託として継続勤務している場合であるが、定年退職後、継続再雇用され、再雇用後3カ月以内に平均賃金を算定すべき事由が発生した場合、定年前も含め、3カ月の期間を算定期間として平均賃金を算出する。〈昭45・1・22基収第4464号〉

労　働　保　険　番　号					氏　　　　名	災害発生年月日
府県 所掌 管轄	基幹番号	枝番号			山田　太郎	4 年 6 月 14 日
9 9 1 0 1	1 2 3 4 5 6					

平均賃金算定内訳

（労働基準法第12条参照のこと。）

雇入年月日	63 年 4 月 1 日		常用・日雇の別	常用・日雇

賃金支給方法	月給・週給・日給・時間給・出来高払制・その他請負制	賃金締切日	毎月 末 日

A 月・週その他一定の期間によって支払ったもの

賃金計算期間	3月1日から3月31日まで	4月1日から4月30日まで	5月1日から5月31日まで	計
総日数	31 日	30 日	31 日	(イ) 92 日
基本賃金	円	円	円	円
役付手当	50,000	50,000		100,000
手当				
計	50,000 円	50,000 円	円	(ロ) 100,000 円

B 日若しくは時間又は出来高払制その他の請負制によって支払ったもの

賃金計算期間	3月1日から3月31日まで	4月1日から4月30日まで	5月1日から5月31日まで	計
総日数	31 日	30 日	31 日	(イ) 92 日
労働日数	26 日	25 日	22 日	(ハ) 73 日
基本賃金	416,000 円	400,000 円	220,000 円	1,036,000 円
手当				
手当				
計	416,000 円	400,000 円	220,000 円	(ニ) 1,036,000 円

総計	466,000 円	450,000 円	220,000 円	(ホ) 1,136,000 円

平均賃金	賃金総額(ホ) 1,136,000 円÷総日数(イ) 92 ＝ 12,347 円 82 銭

最低保障平均賃金の計算方法
Aの(ロ)　100,000 円÷総日数(イ) 92 ＝　1,086 円 95 銭 (ヘ)
Bの(ニ)　1,036,000 円÷労働日数(ハ) 73 × $\frac{60}{100}$ ＝　8,515 円 06 銭 (ト)
(ヘ)　1,086 円 95 銭＋(ト)8,515 円 06 銭 ＝　9,602 円 01 銭 (最低保障平均賃金)

日日雇い入れられる者の平均賃金（昭和38年労働省告示第52号による。）	第1号又は第2号の場合	賃金計算期間	(リ) 労働日数又は労働総日数	(ヌ) 賃金総額	平均賃金(ヌ)÷(リ)×$\frac{73}{100}$
		月 日から 月 日まで	日	円	円 銭
	第3号の場合	都道府県労働局長が定める金額			円
	第4号の場合	従事する事業又は職業			
		都道府県労働局長が定めた金額			円

漁業及び林業労働者の平均賃金（昭和24年労働省告示第5号第2条による。）	平均賃金協定額の承認 年 月 日 職種 平均賃金協定額 円

① 賃金計算期間のうち業務外の傷病の療養等のため休業した期間の日数及びその期間中の賃金を業務上の傷病の療養のため休業した期間の日数及びその期間中の賃金とみなして算定した平均賃金
（賃金の総額(ホ)－休業した期間にかかる②の(リ)）÷（総日数(イ)－休業した期間②の(チ)）
（　　円－　　円）÷（　　日－　　日）＝　　円　　銭

様式第8号（別紙1） （表面）

労　働　保　険　番　号	氏　　　名	災害発生年月日

府県	所掌	管轄	基幹番号	枝番号	山田 太郎	4 年 8 月 8 日
9 9	1	0 1	1 2 3 4 5 6			

◆本例は、算定事由発生日以前1カ月間に当該日雇労働者が当該事業場において使用された期間がある場合であるので、告示第52号第1号により算定事由発生日以前1カ月間に労働者に支払われた賃金の総額をその期間中に労働した日数で除した金額の73／100が平均賃金となる。

〈昭38・10・25基発第1282号〉

平均賃金算定内訳

（労働基準法第12条参照のこと。）

雇入年月日	4 年 8 月 7 日	常用・日雇の別	常用・(日雇)

賃金支給方法	月給・週給・(日給)・時間給・出来高払制・その他請負制	賃金締切日	毎月 毎 日

		賃金計算期間	月　日から 月　日まで	月　日から 月　日まで	月　日から 月　日まで	計
A	月・週その他一定の期間によって支払ったもの	総　日　数	日	日	日	(イ) 日
		賃金 基本賃金	円	円	円	円
		手当				
		手当				
		計	円	円	円	(ロ) 円
B	日若しくは時間又は出来高払制その他の請負制によって支払ったもの	賃金計算期間	月　日から 月　日まで	月　日から 月　日まで	月　日から 月　日まで	計
		総　日　数	日	日	日	(イ) 日
		労　働　日　数	日	日	日	(ハ) 日
		賃金 基本賃金	円	円	円	円
		手当				
		手当				
		計	円	円	円	(ニ) 円
総		計	円	円	円	(ホ) 円

平　均　賃　金	賃金総額(ホ) 円÷総日数(イ) = 円 銭

最低保障平均賃金の計算方法

Aの(ロ)	円÷総日数(イ) = 円 銭(ヘ)
Bの(ニ)	円÷労働日数(ハ) $\times \frac{60}{100}$ = 円 銭(ト)
(ヘ)	円 銭+(ト) 円 銭 = 円 銭（最低保障平均賃金）

日日雇い入れられる者の平均賃金（昭和38年労働省告示第52号による。）	第1号又は第2号の場合	賃金計算期間	(い)労働日数又は労働総日数	(ろ)賃金総額	平均賃金(ろ÷い×$\frac{73}{100}$)
		7月 7日から 8月 6日まで	26 日	286,000 円	8,030 円 00 銭
	第3号の場合	都道府県労働局長が定める金額			円
	第4号の場合	従事する事業又は職業			
		都道府県労働局長が定めた金額			円

漁業及び林業労働者の平均賃金（昭和24年労働省告示第5号第2条による。）	平均賃金協定額の承認年月日 年 月 日	職種	平均賃金協定額	円

① 賃金計算期間のうち業務外の傷病の療養等のため休業した期間の日数及びその期間中の賃金を業務上の傷病の療養のため休業した期間の日数及びその期間中の賃金とみなして算定した平均賃金

（賃金の総額(ホ)－休業した期間にかかる②の(リ)）÷（総日数(イ)－休業した期間②の(チ)）

（ 円－ 円）÷（ 日－ 日）= 円 銭

事例31 労働基準法第12条第1項ないし第6項によって算定し得ない場合
（試用期間中の平均賃金：61ページ）

様式第8号（別紙1）　（表面）

令4.4.1〜4.14の間は試の使用期間であり、労基法第12条第3項第4号により、その期間と賃金を控除するものであるが、当該期間中に算定事由が発生した場合は、当該期間の日数と賃金により平均賃金を算出する。

〈労基法施行規則第3条〉

労　働　保　険　番　号							氏　　　名	災害発生年月日
府県	所掌	管轄	基幹番号			枝番号	山田　太郎	4 年 4 月 11 日
9 9	1	0 1	1 2 3 4 5 6					

平均賃金算定内訳

<small>（労働基準法第12条参照のこと。）</small>

雇 入 年 月 日	4 年 4 月 1 日	常用・日雇の別	常 用・日 雇
賃金支給方法	月給・週給・⦿日給・時間給・出来高払制・その他請負制	賃金締切日	毎月 20 日

		賃金計算期間	月　日から 月　日まで	月　日から 月　日まで	月　日から 月　日まで	計
A	月・週その他一定の期間によって支払ったもの	総　日　数	日	日	日	(イ) 日
	賃金	基本賃金	円	円	円	円
		手当				
		手当				
		計	円	円	円	(ロ) 円

		賃金計算期間	4 月 1 日から 月 10 日まで	月　日から 月　日まで	月　日から 月　日まで	計
B	日若しくは時間又は出来高払制その他の請負制によって支払ったもの	総　日　数	10 日	日	日	(イ) 10 日
		労　働　日　数	8 日	日	日	(ハ) 8 日
	賃金	基本賃金	148,000 円	円	円	148,000 円
		残業手当	5,250			5,250
		手当				
		計	153,250 円	円	円	(ニ) 153,250 円

総　　　　　計	153,250 円	円	円	(ホ) 153,250 円

平　均　賃　金	賃金総額(ホ) 153,250 円÷総日数(イ) 10 ＝ 15,325 円 00 銭

最低保障平均賃金の計算方法

Aの(ロ)	0 円÷総日数(イ) 10 ＝	0 円 00 銭 (ヘ)
Bの(ニ)	153,250 円÷労働日数(ハ) 8 × $\frac{60}{100}$ ＝	11,493 円 75 銭 (ト)
(ヘ)	0 円 00 銭＋(ト)11,493 円 75 銭 ＝	11,493 円 75 銭 (最低保障平均賃金)

日日雇い入れられる者の平均賃金（昭和38年労働省告示第52号による。）	第1号又は第2号の場合	賃金計算期間	(り) 労働日数又は労働総日数	(ぬ) 賃金総額	平均賃金($\frac{(ぬ)÷(り)×73}{100}$)
		月　日から 月　日まで	日	円	円　銭
	第3号の場合	都道府県労働局長が定める金額			円
	第4号の場合	従事する事業又は職業			
		都道府県労働局長が定めた金額			円

漁業及び林業労働者の平均賃金（昭和24年労働省告示第5号による。）	平均賃金協定額の承認年月日　　年　月　日 職種　　　　平均賃金協定額　　　　円

① 賃金計算期間のうち業務外の傷病の療養等のため休業した期間の日数及びその期間中の賃金を業務
　上の傷病の療養のため休業した期間の日数及びその期間中の賃金とみなして算定した平均賃金
　（賃金の総額(ホ)－休業した期間にかかる②の(リ)）÷（総日数(イ)－休業した期間②の(チ)）
　（　　　　円－　　　　円）÷（　　　日－　　　日）＝　　　円　　銭

109

様式第8号（別紙1）　（表面）

労　働　保　険　番　号					氏　　　名	災害発生年月日
府県 所掌 管轄	基　幹　番　号	枝番号			山田　太郎	4 年 5 月 26 日
9 9 1 0 1	1 2 3 4 5 6					

◆ 本例は、令4・1・1〜5・25の間は生産調整による休業期間で操業再開の日に負傷した事例であり、控除期間（休業期間）が算定事由発生日以前3カ月以上にわたる場合であるので、平均賃金の起算日をその休業初日の令2・1・1とみなして平均賃金を算定する。《昭22・9・13発基第17号》

平均賃金算定内訳

(労働基準法第12条参照のこと。)

雇 入 年 月 日		26 年 6 月 26 日		常用・日雇の別			(常用)・日雇	
賃 金 支 給 方 法		(月給)・週給・(日給)・時間給・出来高払制・その他請負制				賃金締切日	毎月 25 日	

		賃 金 計 算 期 間	9月26日から 10月25日まで	10月26日から 11月25日まで	11月26日から 12月25日まで	計	
A	月・週その他一定の期間によって支払ったもの	総 日 数	30 日	31 日	30 日	(イ) 91 日	
		基 本 賃 金	280,000 円	280,000 円	280,000 円	840,000 円	
	賃金	家族手当	15,000	15,000	15,000	45,000	
		皆勤手当	12,000	12,000	12,000	36,000	
		計	307,000 円	307,000 円	307,000 円	(ロ) 921,000 円	
B	日若しくは時間又は出来高払制その他の請負制によって支払ったもの	賃 金 計 算 期 間	9月26日から 10月25日まで	10月26日から 11月25日まで	11月26日から 12月25日まで	計	
		総 日 数	30 日	31 日	30 日	(イ) 91 日	
		労 働 日 数	24 日	26 日	25 日	(ハ) 75 日	
		基 本 賃 金	円	円	円	円	
	賃金	残業手当	24,600	31,100	48,300	104,000	
		生産手当	12,300	20,100	28,000	60,400	
		計	36,900 円	51,200 円	76,300 円	(ニ) 164,400 円	
総		計	343,900 円	358,200 円	383,300 円	(ホ) 1,085,400 円	

平 　均 　賃 　金	賃金総額(ホ) 1,085,400 円÷総日数(イ) 91 = 11,927 円 47 銭

最低保障平均賃金の計算方法
　　Aの(ロ)　　921,000 円÷総日数(イ) 91 ＝ 　　10,120 円 87 銭(ヘ)
　　Bの(ニ)　　164,400 円÷労働日数(ハ) 75 × $\frac{60}{100}$ ＝ 　1,315 円 20 銭(ト)
　　(ヘ)　　10,120 円87 銭＋(ト)1,315 円20 銭 ＝ 11,436 円 07 銭(最低保障平均賃金)

日日雇い入れられる者の平均賃金（昭和38年労働省告示第52号による。）	第1号又は第2号の場合	賃 金 計 算 期 間	(リ) 労働日数又は労働総日数	(ヌ) 賃 金 総 額	平均賃金(ヌ÷リ× $\frac{73}{100}$)
		月 日から 月 日まで	日	円	円 銭
	第3号の場合	都道府県労働局長が定める金額			円
	第4号の場合	従事する事業又は職業			
		都道府県労働局長が定めた金額			円
漁業及び林業労働者の平均賃金（昭和24年労働省告示第5号による。第2条による。）	平均賃金協定額の承認年月日	年 月 日 職種	平均賃金協定額		円

① 賃金計算期間のうち業務外の傷病の療養等のため休業した期間の日数及びその期間中の賃金を業務上の傷病の療養のため休業した期間の日数及びその期間中の賃金とみなして算定した平均賃金
　（賃金の総額(ホ)－休業した期間にかかる②の(リ)） ÷ （総日数(イ)－休業した期間②の(チ)）
　（　　　円－　　　円）÷（　　　日－　　　日）＝　　　円　　銭

110

事例33 算定期間中に争議行為のある場合 （68ページ）

様式第8号（別紙1） （表面）

3／7、3／10、3／14は終日スト参加による罷業があるため、その期間とその期間中の賃金は控除して平均賃金を算定する。したがってAの㋺の計算は

（320,000−320,000／22×3）+320,000+320,000=916,365となる。

〈昭29.3.31 28基収第4240号〉

※○囲みは控除後の日数。（）内は控除後の金額。

労　働　保　険　番　号					氏　　　名	災害発生年月日
府県	所轄	管轄	基幹番号	枝番号	山田 太郎	4 年 6 月 3 日
9 9	1 0	1	1 2 3 4 5 6			

平均賃金算定内訳

（労働基準法第12条参照のこと。）

雇 入 年 月 日			26 年　2 月　1 日		常用・日雇の別		常用・日雇	
賃金支給方法			月給・週給・日給・時間給・出来高払制・その他請負制			賃金締切日	毎月 15 日	

			賃 金 計 算 期 間	2 月 16 日から 3 月 15 日まで	3 月 16 日から 4 月 15 日まで	4 月 16 日から 5 月 15 日まで	計	
A	月・週その他一定の期間によって支払ったもの		総 日 数	28 ㉕ 日	31 日	30 日	(イ) 89 ㊗	日
		賃金	基 本 賃 金	296,000 円	296,000 円	296,000 円	888,000	円
			家 族 手 当	12,000	12,000	12,000	36,000	
			通 勤 手 当	12,000	12,000	12,000	36,000	
			計	(276,365) 320,000 円	320,000 円	320,000 円	(ロ) (916,365) 960,000	円
B	日若しくは時間又は出来高払制その他の請負制によって支払ったもの		賃 金 計 算 期 間	2 月 16 日から 3 月 15 日まで	3 月 16 日から 4 月 15 日まで	4 月 16 日から 5 月 15 日まで	計	
			総 日 数	28 ㉕ 日	31 日	30 日	(イ) 89 ㊗	日
			労 働 日 数	19 日	24 日	19 日	(ハ) 62	日
		賃金	基 本 賃 金	円	円	円		円
			残 業 手 当	26,640	30,640	5,550	62,830	
			手 当					
			計	26,640 円	30,640 円	5,550 円	(ニ) 62,830	円
総		計		(303,005) 346,640 円	350,640 円	325,550 円	(ホ) (979,195) 1,022,830	円
平 均 賃 金			賃金総額(ホ) 979,195 円÷総日数(イ) 86 =			11,385 円 98 銭		

最低保障平均賃金の計算方法	（916,365 + 62,830）			
Aの(ロ)	916,365 円÷総日数(イ) 86 =		10,655 円 40 銭(ヘ)	
Bの(ニ)	62,830 円÷労働日数(ハ) 62 × 60/100 =		608 円 03 銭(ト)	
(ヘ)	10,655 円 40 銭+(ト) 608 円03 銭 =		11,263 円 43 銭(最低保障平均賃金)	

日日雇い入れられる者の平均賃金（昭和38年労働省告示第52号による。）	第1号又は第2号の場合	賃金計算期間	(ル) 労働日数又は労働総日数	(ヲ) 賃金総額	平均賃金(ヲ÷ル)×73/100
		月　日から 月　日まで	日	円	円　銭
	第3号の場合	都道府県労働局長が定める金額			円
	第4号の場合	従事する事業又は職業			
		都道府県労働局長が定めた金額			円
漁業及び林業労働者の平均賃金（昭和24年労働省告示第5号第2条による。）	平均賃金協定額の承認年月日	年　月　日	職種	平均賃金協定額	円

① 賃金計算期間のうち業務外の傷病の療養等のため休業した期間の日数及びその期間中の賃金を業務上の傷病の療養のため休業した期間の日数及びその期間中の賃金とみなして算定した平均賃金

（賃金の総額(ホ)−休業した期間にかかる②の(リ)）÷（総日数(イ)−休業した期間②の(チ)）

（ 円− 円）÷（ 日− 日）= 円 銭

111

事例34	算定事由発生日直前の賃金締切日以前３カ月間は私病による休業で、再出勤後業務上負傷による休業の場合（69ページ）

様式第８号（別紙1）　（表面）

労 働 保 険 番 号					氏　　　名	災害発生年月日
府県 所掌 管轄	基 幹 番 号	枝番号			山 田 太 郎	4 年 7 月 27 日

府県	所掌	管轄	基 幹 番 号	枝番号
9 9	1	0 1	1 2 3 4 5 6	

平均賃金算定内訳

（労働基準法第12条参照のこと。）

雇 入 年 月 日	29 年 1 月 10 日	常用・日雇の別	常 用・日 雇

賃 金 支 給 方 法	月給・週給・日給・時間給・出来高払制・その他請負制	賃金締切日	毎月　末　日

		賃 金 計 算 期 間	7月 3日から 7月 26日まで	月　日から 月　日まで	月　日から 月　日まで	計
A	月・週その他一定の期間によって支払ったもの	総　日　数	24 日	日	日 (イ)	24 日
	賃金	基 本 賃 金	円	円	円	円
		家族 手当	15,000			15,000
		手当				
		計	15,000 円	円	円 (ロ)	15,000 円
B	日若しくは時間又は出来高払制その他の請負制によって支払ったもの	賃 金 計 算 期 間	7月 3日から 7月 26日まで	月　日から 月　日まで	月　日から 月　日まで	計
		総　日　数	24 日	日	日 (イ)	24 日
		労 働 日 数	20 日	日	日 (ハ)	20 日
	賃金	基 本 賃 金	240,000 円	円	円	240,000 円
		残業 手当	27,100			27,100
		手当				
		計	267,100 円	円	円 (ニ)	267,100 円
総		計	282,100 円	円	円 (ホ)	282,100 円

平 均 賃 金	賃金総額(ホ) 15,000 267,100 円÷総日数(イ) 30 24 = 500 11,129 円 00 16 銭

11,629 16

最低保障平均賃金の計算方法		
Aの(ロ)	円÷総日数(イ) =	円 銭 (ヘ)
Bの(ニ)	円÷労働日数(ハ) × 60/100 =	円 銭 (ト)
(ヘ)	円 銭+(ト) 円 銭 =	円 銭 (最低保障平均賃金)

日日雇い入れられる者の平均賃金（昭和38年労働省告示第52号による。）	第1号又は第2号の場合	賃 金 計 算 期 間	(リ) 労働日数又は労働総日数	(ヌ) 賃 金 総 額	平均賃金(ヌ÷(リ)× 73/100)
		月　日から 月　日まで	日	円	円 銭
	第3号の場合	都道府県労働局長が定める金額			円
	第4号の場合	従事する事業又は職業			
		都道府県労働局長が定めた金額			円

漁業及び林業労働者の平均賃金（昭和24年労働省告示第5号による。）	平均賃金協定額の承認年月日　　年　月　日 職種　　　平均賃金協定額	円

① 賃金計算期間のうち業務外の傷病の療養等のため休業した期間の日数及びその期間中の賃金を業務
　上の傷病の療養のため休業した期間の日数及びその期間中の賃金とみなして算定した平均賃金
　（賃金の総額(ホ)−休業した期間にかかる②の(リ)）÷（総日数(イ)−休業した期間②の(チ)）
　（　　　　　円−　　　　　円）÷（　　　　日−　　　日）=　　　　円　　　銭

◆ 令4. 3. 11～7. 2は私病による欠勤で、令4. 7. 3より再出勤したもので、算定期間の3カ月間は全休である。このような場合は再出勤以降、発生前日までの期間の賃金にて平均賃金を算定する。

なお、本例における家族手当は月により定められた賃金で、欠勤による減額はされない。このような場合において平均賃金の算定期間が1賃金算定期間に満たないときは、当該手当に係る平均賃金は、当該手当額を30で除して算出する。

《昭45. 5. 14基発第375号》
《昭25. 12. 28基収第4197号》

112

事例35	算定事由発生日直前の賃金締切日以前３カ月間は私病による休業である場合（69ページ）

様式第８号（別紙1）　　（表面）

◆

労　働　保　険　番　号						氏　　　　名	災害発生年月日
府県	所掌	管轄	基幹番号	枝番号		山田　太郎	4 年 7 月 11 日
9 9	1	0 1	1 2 3 4 5 6	： ：			

平均賃金算定内訳

（労働基準法第12条参照のこと。）

雇　入　年　月　日		18 年　7 月　21 日		常用・日雇の別		(常用)・日雇	
賃　金　支　給　方　法		(月給)・週給・(日給)・時間給・出来高払制・その他請負制			賃金締切日	毎月	20 日

<table>
<tr><td rowspan="7">A</td><td rowspan="7">月・週その他一定の期間によって支払ったもの</td><td colspan="2">賃金計算期間</td><td>7 月 1 日から
月 9 日まで</td><td>月 日から
月 日まで</td><td>月 日から
月 日まで</td><td colspan="2">計</td></tr>
<tr><td colspan="2">総　日　数</td><td>9 日</td><td>日</td><td>日</td><td>(イ)</td><td>9 日</td></tr>
<tr><td rowspan="5">賃
金</td><td>基　本　賃　金</td><td>円</td><td>円</td><td>円</td><td></td><td>円</td></tr>
<tr><td>家　族　手　当</td><td>15,000</td><td></td><td></td><td></td><td>15,000</td></tr>
<tr><td>役　付　手　当</td><td>30,000</td><td></td><td></td><td></td><td>30,000</td></tr>
<tr><td></td><td></td><td></td><td></td><td></td><td></td></tr>
<tr><td>計</td><td>45,000 円</td><td>円</td><td>円</td><td>(ロ)</td><td>45,000 円</td></tr>
<tr><td rowspan="8">B</td><td rowspan="8">日若しくは時間又は出来高払制その他の請負制によって支払ったもの</td><td colspan="2">賃金計算期間</td><td>7 月 1 日から
月 9 日まで</td><td>月 日から
月 日まで</td><td>月 日から
月 日まで</td><td colspan="2">計</td></tr>
<tr><td colspan="2">総　日　数</td><td>9 日</td><td>日</td><td>日</td><td>(イ)</td><td>9 日</td></tr>
<tr><td colspan="2">労　働　日　数</td><td>8 日</td><td>日</td><td>日</td><td>(ハ)</td><td>8 日</td></tr>
<tr><td rowspan="5">賃
金</td><td>基　本　賃　金</td><td>164,000 円</td><td>円</td><td>円</td><td></td><td>164,000 円</td></tr>
<tr><td>生　産　手　当</td><td>6,000</td><td></td><td></td><td></td><td>6,000</td></tr>
<tr><td>手　当</td><td></td><td></td><td></td><td></td><td></td></tr>
<tr><td></td><td></td><td></td><td></td><td></td><td></td></tr>
<tr><td>計</td><td>170,000 円</td><td>円</td><td>円</td><td>(ニ)</td><td>170,000 円</td></tr>
<tr><td colspan="4">総　　　　　　計</td><td>215,000 円</td><td>円</td><td>円</td><td>(ホ)</td><td>215,000 円</td></tr>
</table>

平　均　賃　金	賃金総額(ホ) 45,000 170,000 円÷総日数(イ) 30 9 = 1,500 18,888 00 銭 88 銭

最低保障平均賃金の計算方法　　　　　　　　　　　　　　20,388. 88

Aの(ロ)	円÷総日数(イ)	＝	円	銭 (ヘ)
Bの(ニ)	円÷労働日数(ハ)	×$\frac{60}{100}$＝	円	銭 (ト)
(ヘ)	円 銭＋(ト)	円 銭 ＝	円	銭 (最低保障平均賃金)

日日雇い入れられる者の平均賃金（昭和38年労働省告示第52号による。）	第1号又は第2号の場合	賃金計算期間	(イ) 労働日数又は労働総日数	(ロ) 賃金総額	平均賃金(ロ÷イ×$\frac{73}{100}$)
		月 日から 月 日まで	日	円	円 銭
	第3号の場合	都道府県労働局長が定める金額			円
	第4号の場合	従事する事業又は職業			
		都道府県労働局長が定めた金額			円

漁業及び林業労働者の平均賃金（昭和24年労働省告示第5号による。）	平均賃金協定額の承認年月日	年　　月　　日	職種	平均賃金協定額	円

① 賃金計算期間のうち業務外の傷病の療養等のため休業した期間の日数及びその期間中の賃金を業務上の傷病の療養のため休業した期間の日数及びその期間中の賃金とみなして算定した平均賃金
（賃金の総額(ホ)－休業した期間にかかる②の(リ)）÷（総日数(イ)－休業した期間②の(チ)）
（　　　　　円－　　　　　円）÷（　　　　日－　　　　日）＝　　　　円　　銭

令4.3.1～6.30の間は私病による欠勤で、令4.7.1より出勤している。欠勤中は、家族手当のみ毎月15,000円支給されていた。このような場合は再出勤以降の日数・賃金により平均賃金を算定する。

本例においては、家族手当及び役付手当は月によって定められかつその期間中の欠勤日数に応じて減額されない賃金であり、しかも平均賃金の算定期間が1賃金算定期間に満たない場合であるので、これら他の賃金について労基法第12条により算定した金額とを合算したものが平均賃金となる。

（昭26.12.27基収第5942号）
（昭45.5.14基発第375号）

様式第８号（別紙1）（表面）

◆

平均賃金の算定期間が２週間未満で、その間満稼働している場合の平均賃金額は、賃金総額を総日数で除して得た額に6/7を乗じた額である。〈昭45、5、14基発第375号〉

労　働　保　険　番　号					氏　　　名	災害発生年月日
府県 所掌 管轄	基　幹　番　号	枝　番　号			山田　太郎	4 年 5 月 16 日
9 9 1 0 1	1 2 3 4 5 6					

平均賃金算定内訳

（労働基準法第12条参照のこと。）

雇入年月日	4 年 5 月 10 日	常用・日雇の別	㊤常用・日雇
賃金支給方法	月給・週給・㋥日給・時間給・出来高払制・その他請負制	賃金締切日	毎月 20 日

		賃金計算期間	月 日から 月 日まで	月 日から 月 日まで	月 日から 月 日まで	計
A	月・週その他一定の期間によって支払ったもの	総　日　数	日	日	日	(イ) 日
	賃金	基　本　賃　金	円	円	円	円
		手　当				
		手　当				
		計	円	円	円	(ロ) 円
B	日若しくは時間又は出来高払制その他の請負制によって支払ったもの	賃金計算期間	5 月 10 日から 5 月 14 日まで	月 日から 日まで	月 日から 日まで	計
		総　日　数	5 日	日	日	(イ) 5 日
		労　働　日　数	5 日	日	日	(ハ) 5 日
	賃金	基　本　賃　金	80,000 円	円	円	80,000 円
		通勤 手　当	6,500			6,500
		手　当				
		計	86,500 円	円	円	(ニ) 86,500 円
総		計	86,500 円	円	円	(ホ) 86,500 円

平　均　賃　金	賃金総額(ホ) 86,500 円÷総日数(イ) 5 ＝ 17,300 円 00 銭

最低保障平均賃金の計算方法			$17,300 \times \dfrac{6}{7} = 14,828.$ 57
Aの(ロ)	円÷総日数(イ) ＝	円	銭(ヘ)
Bの(ニ)	円÷労働日数(ハ) $\times \dfrac{60}{100}=$	円	銭(ト)
(ヘ)	円　銭＋(ト) 円 銭 ＝	円	銭（最低保障平均賃金）

日日雇い入れられる者の平均賃金（昭和38年労働省告示第52号による。）	第1号又は第2号の場合	賃金計算期間	(ヌ) 労働日数又は労働総日数	(ヲ) 賃金総額	平均賃金 $(ヲ)\div(ヌ)\times\dfrac{73}{100}$
		月 日から 月 日まで	日	円	円 銭
	第3号の場合	都道府県労働局長が定める金額			円
	第4号の場合	従事する事業又は職業			
		都道府県労働局長が定めた金額			円

漁業及び林業労働者の平均賃金（昭和24年労働省告示第5号による。）第2条による。	平均賃金協定額の承認年月日 年 月 日	職種	平均賃金協定額	円

① 賃金計算期間のうち業務外の傷病の療養等のため休業した期間の日数及びその期間中の賃金を業務上の傷病の療養のため休業した期間の日数及びその期間中の賃金とみなして算定した平均賃金
（賃金の総額(ホ)－休業した期間にかかる②の(リ)）÷（総日数(イ)－休業した期間②の(チ)）
（ 　　　円－ 　　　円）÷（ 　　　日－ 　　　日）＝ 　　　円 　　　銭

114

事例37	雇い入れ後３カ月に満たない者で賃金締切日より計算すると未だ１賃金締切期間に満たなくなる場合（70ページ）

様式第８号（別紙1）　（表面）

◆
雇い入れ後３カ月未満で直前の賃金締切日より計算すると算定期間が１賃金締切期間に満たないときは雇い入れ日より算定事由発生の前日までを算定期間として平均賃金を算定する。

労　働　保　険　番　号						氏　　　名	災害発生年月日
府県	所掌	管轄	基幹番号	枝番号		山田　太郎	4 年 7 月 11 日
9 9	1	0 1	1 2 3 4 5 6				

平均賃金算定内訳

(労働基準法第12条参照のこと。)

| 雇入年月日 | 4 年 6 月 3 日 | 常用・日雇の別 | (常用)・日雇 |

| 賃金支給方法 | 月給・週給・(日給)・時間給・出来高払制・その他請負制 | 賃金締切 | 毎月 20 日 |

A	よって支払ったもの月・週その他一定の期間に	賃金計算期間	月 日から 月 日まで	月 日から 月 日まで	月 日から 月 日まで	計
		総　日　数	日	日	日	(イ) 日
	賃金	基本賃金	円	円	円	円
		手　当				
		手　当				
		計	円	円	円	(ロ) 円

B	日若しくは時間又は出来高払制その他の請負制によって支払ったもの	賃金計算期間	6 月 3 日から 月 20 日まで	6 月 21 日から 7 月 10 日まで	月 日から 月 日まで	計
		総　日　数	18 日	20 日	日	(イ) 38 日
		労　働　日　数	10 日	14 日	日	(ハ) 24 日
	賃金	基本賃金	100,000 円	140,000 円	円	240,000 円
		残業手当	7,660	10,500		18,160
		手　当				
		計	107,660 円	150,500 円	円	(ニ) 258,160 円

| 総　　　　計 | 107,660 円 | 150,500 円 | 円 | (ホ) 258,160 円 |

| 平　均　賃　金 | 賃金総額(ホ) 258,160 円÷総日数(イ) 38 = 6,793 円 68 銭 |

最低保障平均賃金の計算方法

Aの(ロ)	円÷総日数(イ)	=	円	銭 (ヘ)
Bの(ニ)	円÷労働日数(ハ)	$\times \frac{60}{100}$ =	円	銭 (ト)
(ヘ)	円 銭＋(ト)	円 銭 =	円	銭 (最低保障平均賃金)

日日雇い入れられる者の平均賃金（昭和38年労働省告示第52号による。）	第1号又は第2号の場合	賃金計算期間	(リ) 労働日数又は労働総日数	(ヌ) 賃金総額	平均賃金$\left((ヌ)÷(リ)\times\frac{73}{100}\right)$
		月 日から 月 日まで	日	円	円 銭
	第3号の場合	都道府県労働局長が定める金額			円
	第4号の場合	従事する事業又は職業			
		都道府県労働局長が定めた金額			円

| 漁業及び林業労働者の平均賃金（昭和24年労働省告示第5号第2条による。） | 平均賃金協定額の承認年月日 | 年　月　日 職種 平均賃金協定額 | 円 |

① 賃金計算期間のうち業務外の傷病の療養等のため休業した期間の日数及びその期間中の賃金を業務上の傷病の療養のため休業した期間の日数及びその期間中の賃金とみなして算定した平均賃金

（賃金の総額(ホ)－休業した期間にかかる②の(リ)）÷（総日数(イ)－休業した期間②の(チ)）

（　　　　円－　　　　円）÷（　　　日－　　　日）＝　　　円　　　銭

様式第８号（別紙1）　（表面）

労　働　保　険　番　号						氏　　　名	災害発生年月日
府県	所掌	管轄	基幹番号	枝番号		山田　太郎	4 年 6 月 30 日
9 9	1	0 1	1 2 3 4 5 6				

平均賃金算定内訳

（労働基準法第12条参照のこと。）

雇 入 年 月 日			25 年 6 月 1 日		常用・日雇の別	常用・日雇	
賃金支給方法			月給・週給・日給・時間給・出来高払制・その他請負制			賃金締切日	毎月 25 日

		賃金計算期間	3 月 26 日から 4 月 25 日まで	4 月 26 日から 5 月 25 日まで	5 月 26 日から 6 月 25 日まで		計
A	月・週その他一定の期間によって支払ったもの	総　日　数	31 日	30 日	31 日	(イ)	92 日
		基本賃金	200,000 円	156,000 円	83,600 円		439,600 円
	賃金	通勤手当	7,500	7,500	7,500		22,500
		家族手当	15,000	15,000	15,000		45,000
		計	222,500 円	178,500 円	106,100 円	(ロ)	507,100 円
B	日若しくは時間又は出来高払制その他の請負制によって支払ったもの	賃金計算期間	3 月 26 日から 4 月 25 日まで	4 月 26 日から 5 月 25 日まで	5 月 26 日から 6 月 25 日まで		計
		総　日　数	31 日	30 日	31 日	(イ)	92 日
		労 働 日 数	25 日	18 日	9 日	(ハ)	52 日
		基本賃金	円	円	円		円
	賃金	残業手当	37,500	22,400	12,400		72,300
		勤務手当	5,000	3,600	1,800		10,400
			㉕	㉒	㉔	㉛ 所定労働日数	
		計	42,500 円	26,000 円	14,200 円	(ニ)	82,700 円
総		計	265,000 円	204,500 円	120,300 円	(ホ)	589,800 円
平 均 賃 金		賃金総額(ホ) 589,800 円÷総日数(イ) 92 = 6,410 円 86 銭					

最低保障平均賃金の計算方法
Aの(ロ)　　507,100 円÷総日数(イ) 92 ＝　　5,511 円 95 銭(ヘ)
Bの(ニ)　　82,700 円÷労働日数(ハ) 52 × $\frac{60}{100}$ ＝　954 円 23 銭(ト)
(ヘ)　　5,511 円95 銭+(ト) 954 円23銭 ＝　6,466 円 18 銭（最低保障平均賃金）

日日雇い入れられる者の平均賃金（昭和38年労働省告示第52号による。）	第1号又は第2号の場合	賃金計算期間	(リ) 労働日数又は労働総日数	(ヌ) 賃金総額	平均賃金 (ヌ÷(リ)×$\frac{73}{100}$)
		月 日から 月 日まで	日	円	円 銭
	第3号の場合	都道府県労働局長が定める金額			円
	第4号の場合	従事する事業又は職業			
		都道府県労働局長が定めた金額			円
漁業及び林業労働者の平均賃金（昭和24年労働省告示第5号による。）		平均賃金協定額の承認 年 月 日	職種	平均賃金協定額	円

① 賃金計算期間のうち業務外の傷病の療養等のため休業した期間の日数及びその期間中の賃金を業務上の傷病の療養のため休業した期間の日数及びその期間中の賃金とみなして算定した平均賃金
（賃金の総額(ホ)－休業した期間にかかる②の(リ)）　÷　（総日数(イ)－休業した期間②の(チ)）
（　　　　円－　　　　円）÷（　　　日－　　　日）＝　　　　円　　銭

◆　令4. 5. 20～6. 12の間は農繁期のため欠勤し著しく労働日数が減少したが、基本賃金がいわゆる日給月給であるため当該賃金については、昭和30. 5. 24基収第1619号により、次に掲げる方法により算出された額が平均賃金となる。

し書の規定が適用されず、そのため平均賃金が低額となってしまうので、昭30. 5. 24基収第1619号により、次に掲げる方法により算出された額が平均賃金となる。

② 月決め分で欠勤日数に応じて減額された場合、欠勤しなかった場合に受けるべき賃金（基本賃金）÷所定労働日数×$\frac{60}{100}$

③ 月決め賃金（通勤、家族）÷92

① 日給分（残業＋勤務）÷52×$\frac{60}{100}$

① 82,700÷52×$\frac{60}{100}$＝954.23
② (200,000×3)÷71×$\frac{60}{100}$＝5,070.42
③ 67,500÷92＝733.69

①＋②＋③
＝6,758.34
が本例の平均賃金となる。

複数事業労働者に係る「給付基礎日額」の解説

＊改正労災保険法（令和2年9月1日施行）の全体像の解説から、「給付基礎日額」の内容を詳説

複数事業労働者
複数事業労働者に係る労災保険給付
複数事業労働者の業務災害・通勤災害
複数業務要因災害
給付基礎日額　など

＊はじめに＊

　事業主が同一人ではない二以上（複数）の事業に使用される労働者（後記 [1] 「複数事業労働者」）の方が安心して働くことができる環境を整備するため、「雇用保険法等の一部を改正する法律（令和2年法律第14号）」により労災保険法が改正され、

---

① 　複数事業労働者に係る保険給付について複数事業労働者を使用する全事業の賃金を合算すること

② 　複数事業労働者を使用するそれぞれの事業における業務上の負荷のみでは業務と疾病等々の間の因果関係が認められない場合に、複数事業労働者を使用する全事業の業務上の負荷を総合的に評価すること

などが、令和2年9月1日より施行されています。

　本書は労災保険の給付基礎日額について解説したものですが、本項で改正の全体像を明らかにしたうえで、複数事業労働者に係る給付基礎日額について詳説します。

　具体的には、「複数事業労働者」の原則、「複数業務要因災害」（複数事業労働者について1つの事業のみで労災認定されない場合に複数の事業の業務上の負荷を総合的に判断して支給の事由となる災害）及び複数事業労働者の労災保険給付に係る給付基礎日額相当額の合算と具体例などについて、改正法令及び通達（令和2年8月21日基発0821第1号、同第2号）をもとに解説します。

＊ 　その後、労災保険法第14条第1項本文の「労働することができない」や「賃金を受けない日」など複数事業労働者に係る休業（補償）等給付の支給要件、さらには部分算定日（労災保険法第14条第1項但書き）における取扱い等について整理した通達が発出されています（令3.3.18基管発0318第1号・基補発0318第6号・基保発0318第1号。本書181ページ以下参照）。

（※1）施行に当たっては経過措置が講じられており、<u>法施行日（令和2年9月1日）以後に発生した負傷、疾病、障害又は死亡（以下、「傷病等」という。）についてのみ、新制度の対象となります。</u>

（※2）新制度は「メリット制」に影響しません（メリット制：労災保険で、各事業場の業務災害の多寡に応じ労災保険率又は保険料を増減させる制度）。

1 「複数事業労働者」とは

(1) 原則

　「複数事業労働者」とは、傷病等の原因又は要因となる事由が発生した時点（算定事由発生日）において、事業主が同一人でない二以上（複数）の事業に同時に使用されていた労働者のことをいいます（参考：労災保険法第1条）。

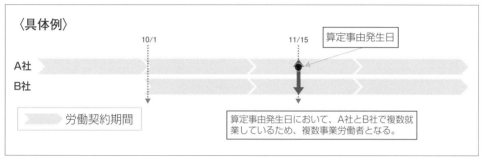

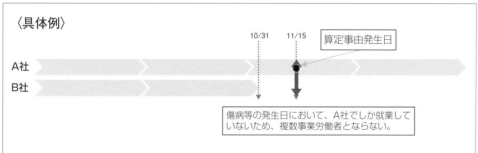

(2) 複数事業労働者に類する者

　複数事業労働者については、これに類する者も含むとされており（労災保険法第7条第1項第2号）、その範囲について、傷病等の原因又は要因となる事由が生じた時点において事業主が同一人でない二以上の事業に使用された労働者と定めています（労災則第5条）。

　これは、傷病等の要因となる出来事と傷病等の発症の時期が必ずしも一致しないことがあるため、複数業務要因災害（➡下記 2）の対象である複数事業労働者について、傷病等が発症した時点において複数事業労働者に該当しない場合であっても、当該傷病等の要因となる出来事と傷病等の因果関係が認められる期間の範囲内で複数事業労働者に当たるか否かを判断すべきときがあることから規定されたものです。

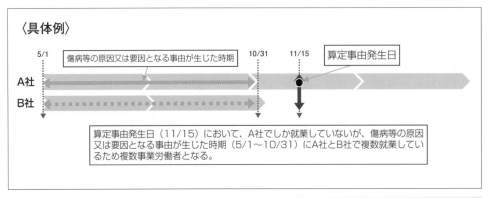

〈具体例〉

5/1　　傷病等の原因又は要因となる事由が生じた時期　　10/31　11/15　　算定事由発生日

A社

B社

算定事由発生日（11/15）において、A社でしか就業していないが、傷病等の原因又は要因となる事由が生じた時期（5/1〜10/31）にA社とB社で複数就業しているため複数事業労働者となる。

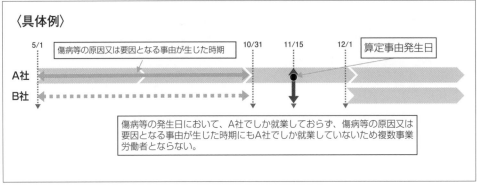

〈具体例〉

5/1　傷病等の原因又は要因となる事由が生じた時期　10/31　11/15　　12/1　算定事由発生日

A社

B社

傷病等の発生日において、A社でしか就業しておらず、傷病等の原因又は要因となる事由が生じた時期にもA社でしか就業していないため複数事業労働者とならない。

(3) 特別加入者

　　労働基準法上の労働者でない者についても、業務の実態、災害の発生状況等からみて労働者に準じて労災保険により保護するにふさわしい者について、特に労災保険の加入を認めるという特別加入の趣旨を踏まえれば、特別加入者に対しても、複数事業労働者の対象に含めることが適当であることから、労働者であって、かつ他の事業場において特別加入をしている者及び複数の事業場において特別加入をしている者についても保護の対象とされています（労災保険法第33条〜第37条）。

（➡特別加入者に係る給付基礎日額の算定（通達）：136ページ）

2 ｜「複数業務要因災害」とは

　　これまで、労働者を使用する事業ごとに業務上の負荷を評価しており、仮に、単独の事業であれば業務災害と認定し得る業務上の負荷を複数の事業において受けている場合には保険給付が行われず、労働者の稼得能力や遺族の被扶養利益の損失に対する填補が不十分でした。

　　令和2年9月1日施行の改正法では、業務災害には該当しないものの、各事業に

おける業務上の負荷を総合的に評価すれば労災認定される場合には、労働者の稼得能力や遺族の被扶養利益の損失を填補する観点から「複数業務要因災害」たる保険給付という新たな保険給付が創設されました（労災保険法第7条第1項第2号）。

本条文の「二以上の事業の業務を要因とする」とは、複数の事業での業務上の負荷を総合的に評価して当該業務と傷病等の間に因果関係が認められることであり、支給事由となる災害を「複数業務要因災害」といい、現時点において、対象となる傷病等は、脳・心臓疾患や精神障害が想定されています。

なお、業務災害の認定に関する取扱いはこれまでのとおりであり、複数事業労働者に対して業務災害として保険給付を行う場合を除き、複数業務要因災害に該当するか否かの判断を行うものです。

つまり、複数事業労働者については、1つの事業のみの業務上の負荷を評価して業務災害に当たらない場合に、当該傷病等の要因となる出来事と傷病等の因果関係が認められる期間の範囲内で複数事業労働者に当たるか否かを判断することとなり、これにより労災認定されるときには、次の「複数業務要因災害」を支給事由とする各種労災保険給付が支給されます。

（➡保険給付の種類：16ページ・図表1）

イ	複数事業労働者療養給付	ホ	複数事業労働者葬祭給付
ロ	複数事業労働者休業給付	ヘ	複数事業労働者傷病年金
ハ	複数事業労働者障害給付	ト	複数事業労働者介護給付
ニ	複数事業労働者遺族給付		

3 複数事業労働者の労災保険給付に係る給付基礎日額

給付基礎日額相当額の合算（原則）

複数事業労働者に関する保険給付に係る給付基礎日額については、業務災害、複数業務要因災害及び通勤災害のいずれの場合においても、複数事業労働者を使用する事業ごとに算定した給付基礎日額に相当する額（以下、「給付基礎日額相当額」という。）を合算し（労災保険法第8条第3項）、この合算額を基礎として労災則第9条の2の2により算定することとなります。

この趣旨は、複数事業労働者に対する稼得能力の喪失等に対する填補の観点か

ら、複数事業労働者を使用する全事業における賃金をもとに給付基礎日額を算定し保険給付を行うというものです。

　この算定においては、原則として、複数事業労働者を使用する事業ごとに労災保険法第8条第1項により算定した労働基準法第12条の平均賃金に相当する額（以下、「平均賃金相当額」という。）を給付基礎日額相当額とし、これらを合算します。

4 ｜ 平均賃金相当額の算定と具体例

(1) 平均賃金相当額の算定期間及び算定方法

イ　原　則

　複数事業労働者に係る平均賃金相当額の原則的な算定期間は、傷病等の発生した日又は診断によって疾病の発生が確定した日（以下、「算定事由発生日」という。）以前3カ月間であり、平均賃金相当額を算定すべき各事業場において賃金締切日がある場合は、事業場ごとに算定事由発生日から直近の賃金締切日より起算することになります。

　なお、算定事由発生日において、複数の事業に使用されていない者は、下記ロの「複数事業労働者に類する者」に該当しない限り、平均賃金相当額の算定期間において複数の事業に使用されている期間がある場合であっても複数事業労働者に該当しないことから、複数事業労働者でない者に関するこれまでの方法により給付基礎日額を算定することになります。

　その他、賃金締切日が変更された場合等、算定期間の基本的な点については、事業場ごとに従来の平均賃金の算定における考え方により算定します。

ロ　「複数事業労働者に類する者」とは

　「複数事業労働者に類する者」は、労災則第5条の規定により複数事業労働者に含まれますが（➡前記 1 (2)）、これらの者の算定期間についても、原則として算定事由発生日を基準に、その日以前3カ月間に支払われた賃金により算定を行うことになります。

　なお、「複数事業労働者に類する者」に該当する場合であっても、算定事由発生日以前3カ月間において、単一の事業場からしか賃金を受けていない場合は、その一事業場のみの平均賃金額により、給付基礎日額を算定することになります。

＊具体例1　基本的考え方

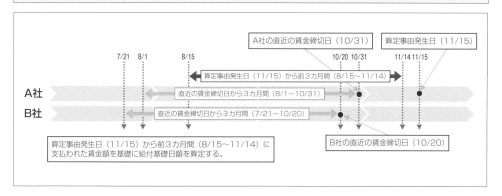

ハ　複数事業労働者が、算定事由発生日において平均賃金相当額を算定すべき事
　業場から離職している場合等

㋐　業務災害又は通勤災害で、算定事由発生日時点で災害発生事業場を既に離
　職している場合の算定（期間）

　　疾病など必ずしも傷病等の発生日と原因が一致しないことがあり、遅発性
　疾病等の診断によって疾病の発生が確定した日（算定事由発生日）において、
　労働災害が発生した事業場又は通勤災害に係る事業場（以下、「災害発生事
　業場等」という。）を既に離職している場合

　　⇒　災害発生事業場等を離職した日（離職日）を基準に、その日（賃金の
　　　締切日がある場合は直前の賃金締切日をいう。）以前3カ月間に災害発生
　　　事業場等において支払われた賃金により算定します（※1）。

◎非災害発生事業場等の算定（期間）

　　非災害発生事業場（労災則第12条第2項）又は通勤災害に係る事業場以
　外の事業場（以下、「非災害発生事業場等」という。）

　　⇒　算定事由発生日にその非災害発生事業場等を離職しているか否かにか
　　　かわらず、算定事由発生日ではなく災害発生事業場等を離職した日から
　　　3カ月前の日を始期として、災害発生事業場等を離職した日までの期間
　　　中に非災害発生事業場等から賃金を受けている場合は、災害発生事業場
　　　等を離職した日の直前の賃金締切日以前3カ月間に非災害発生事業場等
　　　において支払われた賃金により算定し当該金額を基礎として算定します
　　　（※2）。

　　また、（※1）及び（※2）ともに、算定事由発生日までの賃金水準の上昇
　又は変動を考慮して算定し、また、当該労働者の離職時の賃金が不明である

ときには、算定事由発生日における同種労働者の1日平均の賃金額等に基づいて算定することとされています。

＊具体例２　算定事由発生日現在、既に災害発生事業場等を離職し、非災害発生事業場等については離職していない場合

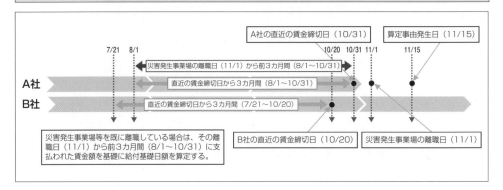

＊具体例３　算定事由発生日現在、既に非災害発生事業場等を離職し、災害発生事業場等については離職していない場合

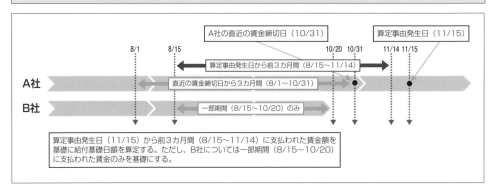

＊具体例４　算定事由発生日現在、既に災害発生事業場等及び非災害発生事業場等とも離職している場合

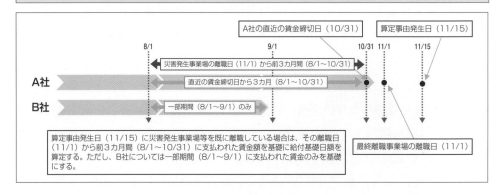

なお、災害発生事業場等を離職した日から3カ月前の日を始期として、災

害発生事業場等における離職日までの期間中に非災害発生事業場等から賃金を受けていない場合は、複数事業労働者に類する者として、傷病等の原因又は要因となる事由が生じた時点において事業主が同一人でない二以上の事業に同時に使用されていた者であっても、非災害発生事業場等に係る平均賃金相当額を算定する必要はありません。

(イ)　**複数業務要因災害の場合**

　　複数業務要因災害は、原則として、脳・心臓疾患及び精神障害が想定されていますが、複数業務要因災害として認定される場合については、どの事業場においても業務と疾病との間に相当因果関係が認められないものであることから、前記(ア)の場合と異なり算定事由発生日においていずれかの事業場に使用されている場合は、当該事業場について算定事由発生日（賃金の締切日がある場合は直前の賃金締切日をいう。）以前３カ月に支払われた賃金により平均賃金相当額を算定します。

　　この場合、算定事由発生日から３カ月前の日を始期として算定事由発生日までの間の賃金の有無で取扱いが次のア又はイのとおりとなります。

　ア　他の事業場から賃金を受けている場合
　⇒　その事業場の平均賃金相当額について、直前の賃金締切日以前３カ月間において支払われた賃金により算定する。
　イ　他の事業場から賃金を受けていない場合
　⇒　複数事業労働者に類する者として傷病等の原因又は要因となる事由が生じた時点において事業主が同一人でない二以上の事業に同時に使用されていた者であっても、複数事業労働者に係る平均賃金相当額を算定する必要はない。

＊具体例5　基本的考え方

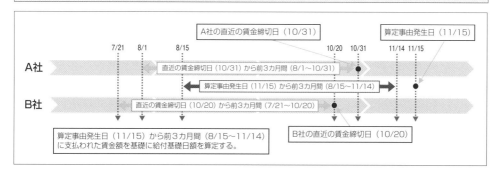

125

*具体例6 　算定事由発生日現在、一部について既に離職している場合であっても、現在就業中の事業場がある場合

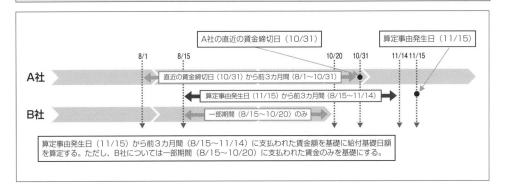

また、算定事由発生日においてすべての事業場を離職している場合は、算定事由発生日から直近の離職日（以下「最終離職日」という。）を基準に、その日（賃金の締切日がある場合は直前の賃金締切日をいう。）以前3カ月間に支払われた賃金により算定し当該金額を基礎として、算定事由発生日までの賃金水準の上昇又は変動を考慮して算定し、また、当該労働者の離職時の賃金が不明であるときには、算定事由発生日における同種労働者の1日平均の賃金額等に基づいて算定します。

この場合、最終離職日に係る事業場（以下「最終離職事業場」という。）以外の事業場については、最終離職日から3カ月前の日を始期として、最終離職日までの間の賃金の有無により取扱いが次のア又はイのとおりとなります。

> ア　他の事業場から賃金を受けている場合
> 　⇒　その事業場の平均賃金相当額について、最終離職日から直前の賃金締切日以前3カ月間に当該最終離職事業場以外の事業場において支払われた賃金により算定する。
> イ　他の事業場から賃金を受けていない場合
> 　⇒　複数事業労働者に類する者として傷病等の原因又は要因となる事由が生じた時点において事業主が同一人でない二以上の事業に同時に使用されていた者であっても、複数事業労働者に係る平均賃金相当額を算定をする必要はない。

＊具体例７　算定事由発生日現在、すべての事業場を離職している場合

A社の直近の賃金締切日（10/31）

算定事由発生日（11/15）

8/1　　　　　　　　　　　　　　　　　　　　　　　10/31 11/1　　　　11/15

A社　　　　　　直近の賃金締切日（10/31）から前3カ月間（8/1～10/31）

最終離職事業場の離職日（11/1）から前3カ月間（8/1～10/31）

B社　　　　　　一部期間（8/1～9/1）のみ

算定事由発生日（11/15）にすべての事業場を離職している場合は、最終離職事業場の離職日（11/1）から前3カ月間（8/1～10/31）に支払われた賃金額を基礎に給付基礎日額を算定する。ただし、B社については一部期間（8/1～9/1）に支払われた賃金のみを基礎にする。

最終離職事業場の離職日（11/1）

ニ　算定期間と労働契約期間とが重なる期間が一部のみとなる事業場の場合

　　複数事業労働者の平均賃金相当額の算定期間は前記イ、ロ又はハのとおり、算定事由発生日又は業務災害若しくは通勤災害における災害発生事業場等における離職日若しくは複数業務要因災害における最終離職日以前3カ月間です。

　　平均賃金相当額の算定は前記の方法によりますが、算定期間と労働契約期間とが重なる期間が一部のみである場合、算定期間3カ月における被災労働者の稼得能力の填補の観点から、この場合についての給付基礎日額相当額の取扱いは、後記5(2)を参照してください。

ホ　控除期間

　　業務上の事由による休業や産前産後の休業等の期間中の日数及び賃金については、平均賃金の算定において控除することとされています。この取扱いについては、複数事業労働者に関する平均賃金相当額の算定においても同じであり、複数事業労働者を使用する事業ごとに算定することになります。

⑵　雇入れ後3カ月に満たない場合

　　雇入れ後3カ月に満たない場合の複数事業労働者の給付基礎日額相当額の算定においては、平均賃金相当額をそのまま用いることは、被災労働者の稼得能力の填補の観点から妥当ではないことから、この場合についての取扱いは後記5(2)を参照してください。

5 平均賃金相当額を給付基礎日額とすることが適当でない場合

(1) 平均賃金の最低保障について（労働基準法第12条第1項ただし書）

　複数事業労働者の給付基礎日額相当額は、原則として前記4による平均賃金相当額となりますが、給付基礎日額相当額の算定については、労働基準法第12条第1項ただし書の規定による日給制等の平均賃金の最低保障の適用上、賃金総額が同程度の場合であっても、就業する事業の多寡によって合算額が異なる場合があり、これをそのまま給付基礎日額とすると、不合理な結果となります。

　このため、平均賃金相当額の算定において労働基準法第12条第1項ただし書の規定による最低保障の適用がある場合は、労災則第9条第1項第4号に基づく給付基礎日額相当額の特例として、労働基準法第12条第1項ただし書の規定の適用を受けないものとした場合の金額を、給付基礎日額相当額とすることとなります。

　具体的には、次例の計算となります。

【例　月収10万円の場合】（算定期間の3カ月は92暦日とする。）

　A社（日給1万円、月2日勤務）

　B社（日給1万円、月2日勤務）

　C社（月給制で月額6万円）

　の複数就業

　・A社分の給付基礎日額相当額：2万円×3カ月÷92日＝　652.17円

　・B社分の給付基礎日額相当額：2万円×3カ月÷92日＝　652.17円

　・C社分の給付基礎日額相当額：6万円×3カ月÷92日＝1,956.52円

　⇒652.17円＋652.17円＋1,956.52円＝<u>3,260.86円</u>

　なお、賃金形態が変更された場合の最低保障（昭和25年7月24日付け基収第563号）及び月給日給制の場合の最低保障（昭和30年5月24日付け基収第1619号）に関する取扱いについても、複数事業労働者の給付基礎日額相当額を算定する場合においては、これらの最低保障の適用を受けないものとした場合の金額をもとに、給付基礎日額相当額の合算を行うこととし、この取扱いは、複数事業労働者にのみ適用するものとされています。

⑵ 「算定期間と労働契約期間とが重なる期間が一部のみとなる事業場」及び「算定
　　期間が３カ月に満たない事業場」の給付基礎日額相当額の特例

　　　各事業場の平均賃金相当額は、原則として、前記 4 により算定し、これを給付
　　基礎日額相当額とすることが適当でない場合として上記⑴のとおり、労働基準法
　　第12条第１項ただし書の規定の適用を受けないものとして算定することとなりま
　　すが、これらの算定において

　　　イ　算定期間と労働契約期間とが重なる期間が一部のみである場合
　　　ロ　算定期間が３カ月に満たない場合（労働基準法第12条第３項等の算定期間
　　　　　及び賃金を控除することにより算定期間が３カ月に満たなくなる場合を除
　　　　　く。）

　　に、当該平均賃金相当額を用いて給付基礎日額の算定を行うことは複数事業労働
　　者の稼得能力等を正当に算定する観点から適当ではないことから、次により、労
　　災則第９条第１項第４号に基づく特例として当該事業場の給付基礎日額相当額を
　　算定します。

当該事業場の「給付基礎日額」

　＝［平均賃金相当額÷【算定期間】※の暦日数］×［当該事業場における
　　労働契約期間のうち【算定期間】※と重なる日数］

※　算定期間が３カ月に満たない場合は算定事由発生日又は業務災害若しくは通勤災害
　における災害発生事業場の離職日若しくは複数業務要因災害における最終離職日以前
　３カ月をいう。

⑶ 「じん肺にかかった者」に対する給付基礎日額相当額の特例

　　　在職中の診断によりじん肺に関する保険給付の支給要件に該当することとなっ
　　た複数事業労働者に対する平均賃金算定の特例による平均賃金相当額算定の起算
　　は、労災則第９条第１項第２号の規定にかかわらず、労災則第９条第１項第４号
　　に基づく特例として、じん肺にかかったため作業の転換をした日（以下、「作業転
　　換日」という。）を算定事由発生日とみなさず、診断により疾病の発生が確定した
　　日以前３カ月（賃金の締切日がある場合は直前の賃金締切日をいう。）を算定事由
　　発生日として算定します。

　　　この金額が、じん肺に係る災害発生事業場における作業転換日を算定事由発生
　　日として算定した金額に満たない場合及び非災害発生事業場のうちじん肺に係る

作業を行わせていた事業（診断により疾病の発生が確定した日において在職中である場合に限る。）における作業転換日を算定事由発生日として算定した金額に満たない場合は、各事業について作業転換日（賃金の締切日がある場合は直前の賃金締切日をいう。）以前3カ月に受けた賃金により算定した金額を労災則第9条第1項第4号に基づく特例として当該事業場の給付基礎日額相当額とします。

　なお、上記(1)による最低保障に係る給付基礎日額相当額の特例との関係については算定期間の特定後に上記(1)による算定を行うことが必要です。

(4)　「日日雇い入れられる者」についての給付基礎日額相当額の特例

　複数事業労働者については、事業主が同一人でない二以上の事業に使用される労働者を対象としていることから、同一の時期に二以上の事業に使用されていない転職者は含まれません。

　これと同様に、労働基準法第12条第7項に規定する日日雇い入れられる者についても、同一の時期に二以上の事業に使用されていない場合には、労災保険法第8条第3項に基づく給付基礎日額相当額の合算は行わず、これまでの方法により平均賃金相当額を算定します。

　なお、二以上の事業に労働契約の期間上は形式的に使用されることとなっている者について、労働実績がなく賃金の支払いもない場合は、実態として複数事業労働者に当たらないことに留意する必要があります。

　したがって、日日雇い入れられる者については原則として複数事業労働者に該当しないものですが、

　ア　一方で1日を超える期間又は契約期間の定めのない労働契約（以下、「常
　　　用労働」という。）を締結している
　イ　他方で1日の契約期間で労働者を雇い入れる事業場（以下、「日雇事業
　　　場」という。）と労働契約を締結している

場合において、日雇事業場にて災害が発生した場合などは二以上の事業に使用されている者となり複数事業労働者に該当します。

　この場合、日雇事業場における労働基準法第12条第7項に基づく特例（以下、「日雇特例」という。）を適用した平均賃金相当額を給付基礎日額相当額とすることは、被災労働者の稼得能力の填補を行う観点から適当ではありません。

　このため、複数事業労働者の給付基礎日額相当額の算定に当たり日雇特例の対

象となる事業場を含む場合の算定は労災則第9条第1項第4号に基づく特例として以下ア～ウのとおり取り扱われることとされています（労働者等による申請に基づき都道府県労働局長等が平均賃金を定めた場合〔昭和38年10月11日付け労働省告示第52号の第1号〕にあっても同様です）。

> ア　日雇事業場における賃金に相当する額について、算定事由発生日以前3カ月に、日雇労働により当該労働者の収入として得た賃金の額を示す資料を当該労働者が任意に提出した場合には、その賃金の総額と期間の総日数で除した金額
>
> 　　なお、当該期間内の日雇事業場における賃金に係る資料については労働者から提出された客観的に認められる分についての金額のみで算定して差し支えないこと。
>
> イ　アにより算定することが著しく不適当と認められる場合には厚生労働省労働基準局長又は都道府県労働局長が定める金額
>
> ウ　一定の事業又は職業について都道府県労働局長がそれらに従事する日雇労働者の平均賃金を定めた場合には、その金額

具体的には、次例の計算となります。

> 【例　月数回の日雇労働で災害が発生した場合】
> 　　　　　　　　　　　　　　　　（算定期間の3カ月は92暦日とする。）
> 常用労働のA社（月給制で月額30万円、月20日勤務）
> 日雇の複数社（1回の日雇労働で賃金1万円、毎月4回程度、3カ月間で12回）
> の複数就業
> ・A社分の平均賃金：30万円×3カ月÷92日＝9,782.60円（労働基準法第12条第1項柱書）
> ・日雇分の給付基礎日額相当額：1万円×月4回×3カ月÷92日＝1,304.34円
> ⇒9,782.60円＋1,304.34円＝<u>11,086.94円</u>

(5)　自動変更対象額について

　前述のとおり、複数事業労働者に関する保険給付に係る給付基礎日額は、平均賃金相当額について複数事業労働者を使用する事業場ごとに算定することとなり

ますが、事業場ごとに算定した平均賃金相当額が自動変更対象額（労災則第９条第１項第５号）に満たない場合においても、それぞれの事業場ごとに算定した平均賃金相当額にそれぞれ自動変更対象額の規定を適用するのではなく、自動変更対象額に満たない金額を合算し、その合算額に自動変更対象額を適用することになります（労災則第９条の２の２）。

6 給付基礎日額相当額の合算

(1) 原　則

前記 3 及び 4 により複数事業労働者を使用する事業ごとに算定した給付基礎日額相当額を合算し、給付基礎日額相当額を算定します（労災保険法第８条第３項）。

なお、合算した額又は後記(2)及び(3)により算定した額が自動変更対象額に満たない場合については、自動変更対象額を給付基礎日額とします。

(2) 最低保障の適用を受ける場合等の平均賃金が高額となる場合等

上記(1)により算定した給付基礎日額については、最低保障等の規定（労働基準法第12条第１項ただし書）の適用がないものとして算定しているものであることから、単一の事業場における賃金額をもとに労働基準法第12条第１項ただし書の規定により算定した平均賃金を下回る場合があり得ることとなり、不合理な結果となります。

このため、仮に次のアとイを比較して、アが高額となる場合は、最も高額な事業場における給付基礎日額を労災則第９条の２の２第３号に基づき算定した給付基礎日額とします。

ア　各事業における複数事業労働者に係る特例（前記 5 (1)、(2)及び(3)）の適用がない場合の給付基礎日額

イ　前記(1)により算定した給付基礎日額

---

(3) 日雇特例の適用を受ける場合の平均賃金が高額となる場合

前記 5 (4)の複数事業労働者に係る日雇事業場の給付基礎日額相当額の算定を行うことにより、その算定された金額をもとに合算された給付基礎日額が、日雇事業場において日雇特例を適用した場合の平均賃金相当額を下回る場合があり得ることとなり、不合理な結果となります。

このため、仮に複数事業労働者を使用する日雇事業場における、次のアとイを比較して、アが高額となる場合は、日雇事業場における平均賃金又は給付基礎日額を労災則第9条の2の2第3号に基づき算定した給付基礎日額とします。

ア　日雇特例をもとに算定した場合の平均賃金相当額による給付基礎日額

イ　前記(1)及び(2)において算定した給付基礎日額

なお、この算定に係る“日雇事業場”は、その事業場が災害発生事業場等である場合は当該事業場に限り、日雇事業場が災害発生事業場等でない場合は直近の日雇事業場に限ります。

7 複数事業労働者の給付基礎日額の算定例

（出典：厚生労働省HP「複数事業労働者への労災保険給付　わかりやすい解説」より）

1　2つの事業場でそれぞれ月給制により就業している場合

【例　A社とB社の2社で就業中の場合】

＊　A社　月給30万円

B社　月給15万円　（直近3カ月の暦日数が90日）

<計算方法>　A社　　　　30万円×3カ月÷90日＝10,000円

B社　　　　15万円×3カ月÷90日＝ 5,000円

A社＋B社　10,000円＋5,000円　　　＝15,000円

給付基礎日額：15,000円

2　2つの事業場で就業しており、そのうち1つの事業場については月給制、もう1つの事業場については日給制である場合

【例　A社とB社の2社で就業中の場合】

＊　A社　月給30万円

B社　日給1万円　12日／月勤務（直近3カ月の暦日数が90日）

<計算方法>　A社　　　　30万円×3カ月÷90日　　　　＝10,000円

B社　　　　1万円×12日×3カ月÷90日＝ 4,000円（※）

A社＋B社　10,000円＋4,000円　　　　　＝14,000円

給付基礎日額：14,000円

※　B社については、平均賃金の**最低保障額**を計算すると、

　　1万円×12日×3カ月÷（12日×3カ月）×0.6＝6,000円

となりますが、合算する場合は、最低保障額は適用せずに計算したうえで合算します。

　　ただし、各事業場の平均賃金の最低保障額が合算後の額より高い場合は、給付基礎日額は各事業場の平均賃金の最低保障額のうち最も高い額になります。

8 複数事業労働者休業給付支給請求書（様式第8号）記入の留意点

① 「様式第8号」：業務災害用　複数業務要因災害用 です。

② 「様式第8号」（裏面）：本請求書の記載等に関する注意書きと「㊴その他就業先の有無」欄があります。

③ 「様式第8号（別紙1）」：これまでどおりの「平均賃金算定内訳」ですが、複数事業労働者は、<u>それぞれの事業場ごとに、この別紙1を記入し提出する必要</u>があります。

④ 「様式第8号（別紙3）」：前記②の「㊴その他就業先の有無」欄に「有」に○を付けた場合に、<u>その他就業先ごとに記入し提出する必要があります。その際、その他就業先ごとに「注意書き　二」及び「注意書き　三」（様式第8号裏面）の規定に従って記入した別紙1及び別紙2を添付する必要</u>があります。

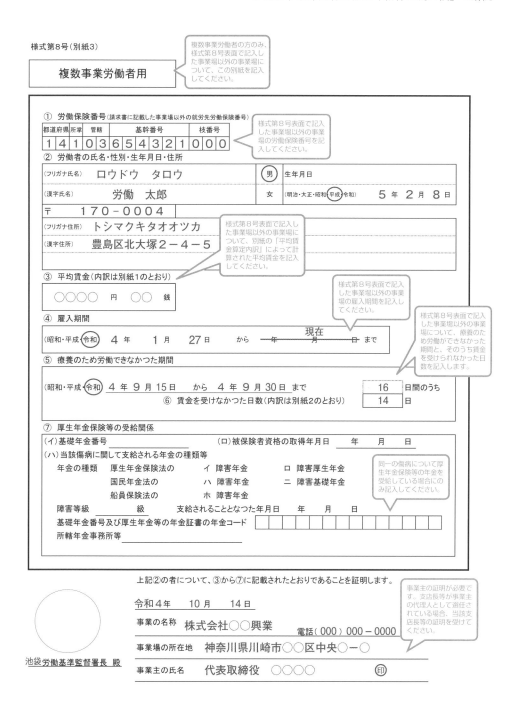

〈編注〉令和２年厚生労働省告示第397号により従前の様式を改正（令2.12.25）。

令和2年8月21日　基発0821第2号（抜粋）

第2　労災則第46条の20の規定による給付基礎日額の算定について〈抄〉

1　基本的考え方

　　特別加入者に係る給付基礎日額については、従来から自動変更対象額及び年齢階層別の最高・最低限度額の適用対象としておらず、今般の改正においても同趣旨に変更は無いものである。

　　このため、複数事業労働者に該当する特別加入者のうち、労働者であって、かつ、特別加入者である者に係る労働者としての給付基礎日額相当額は、原則として上記第1の1から3（**編注：本書121～133ページ**）までに示す方法と同様に給付基礎日額相当額を算定し、特別加入者としての給付基礎日額相当額は、特別加入時に申請した給付基礎日額とし、これらを合算して給付基礎日額を算定する。

　　この場合、労働者としての給付基礎日額相当額は合算前に自動変更対象額、スライド制及び年齢階層別最高・最低限度額を適用し算定し、特別加入者としての給付基礎日額相当額は合算前に、スライド制のみ適用し算定することとする。

　　また、複数事業労働者に該当する特別加入者のうち、複数の特別加入を行っている者に係る給付基礎日額相当額は、特別加入者としての各給付基礎日額相当額の合算後に、スライド制のみ適用し、これらを合算して算定する。

2　平均賃金相当額又は給付基礎日額相当額の特例

　　特別加入者の平均賃金相当額又は給付基礎日額相当額の算定においても、労働者であって、かつ、特別加入者である者に係る労働者としての給付基礎日額相当額は、上記第1（**編注：本書121～133ページ**）と同様に算定すること。

　　また、労働者としての平均賃金相当額算定期間の途中から特別加入した場合又は算定期間の途中で特別加入から脱退した場合は、労働者に係る特例と同様に算定期間と重なる部分で除して給付基礎日額相当額を算定すること。

※（編注）原文「新労災則」⇒ 施行されているため「労災則」とした。

巻末資料
関係解釈例規

①算定期間

<施行規則第４条の運用>

【施行規則第４条の基準】

法第12条関係

(四)　施行規則第４条に規定する場合における平均賃金決定基準は次によること。

　　施行規則第４条前段の場合は、法第12条第３項第１号乃至第３号〔現行：第４号〕の期間の最初の日を以て、平均賃金を算定すべき事由の発生した日とみなすこと。

　　前項各号の期間が長期にわたつたため、その期間中に当該事業場において、賃金水準の変動が行はれた場合には、平均賃金を算定すべき事由の発生した日に当該事業場において同一業務に従事した労働者の１人平均の賃金額により、これを推算すること。

　　雇い入れの日に平均賃金を算定すべき事由が発生した場合には、当該労働者に対し一定額の賃金が予め定められてゐる場合には、その額により推算し、しからざる場合には、その日に、当該事業場において、同一業務に従事した労働者の１人平均の賃金額により推算すること。　　　　　　　　　　　　　　　（昭22・9・13　発基第17号）

【昭和22年９月13日発基第17号の施行規則第４条の基準】

　　昭和22年９月13日付発基第17号法第12条関係４の第２項により平均賃金を算定する場合（昭和24年４月11日基発第421号(二)の１により準用する場合を含む）にはつぎの基準により取扱われたい。

⑴　「賃金水準の変動が行われた場合」とは原則として平均賃金算定事由発生日（賃金締切日がある場合においては直前の賃金締切日。以下同じ。）以前３カ月間における当該事業場（例えば工員職員別にする等適当な範囲を定めることができる）の実際支払賃金の総額を労働者の延人員数で除した額と発基第17号法第12条関係４の第２項により平均賃金を算定すべき事由の発生したとみなされる日（賃金締切日がある場合においては直前の賃金締切日。以下同じ。）以前３カ月間におけるそれと比較してその差が概ね10％以上ある場合をいうこと。

⑵　「１人平均の賃金額によりこれを推算する」とは、平均賃金算定事由発生日以前３カ月間に同一業務に従事した労働者に対して、当該３カ月間に支払われた賃金の総額（臨時に支払われた賃金３カ月を超える期間ごとに支払われる賃金および法令もしくは労働協約の別段の定によらずに支払われた通貨以外のものを除く。）をその労働者数と当該３カ月の歴日数との積で除して得た額をいうこと。

138

　　なお、右によつて算定した金額が平均賃金として妥当を欠く場合には、右によ
　つて算定した金額と平均賃金を算定すべき事由の発生したとみなされる日以前３
　カ月間に同一業務に従事した労働者について右に準じて算定した金額との比率を
　求め平均賃金を算定すべき事由の発生したとみなされる日を起算日とする当該労
　働者の平均賃金の額に当該比率を乗じて得た金額をもつてその平均賃金とするこ
　とができること。

(3)　「同一業務に従事した労働者」とは原則として、職務上の最小単位の業務に属す
　る労働者でその業務に従事した者をいうこと。

（昭26・3・26　基発第184号、昭33・2・13　基発第90号）

【施行規則第４条の取り扱い】

問　施行規則第４条の定めは告示によるべきか。

答　施行規則第４条は必要の生じた場合に、都道府県労働基準局長が個々に決定す
る趣旨である。　　　　　　　　　　　　　　　　（昭23・3・17　基発第461号）

＜雇い入れ後３カ月未満の場合＞

【雇い入れ後の期間が短い者】

問　雇入後の期間が著しく短い場合、例えば雇入後２日目又は３日目に事故発生の
場合、雇入の日に事故発生した場合（その算定額が後者に対して均衡を失する場合
が考えられるから）と同じく推定すべきか、もし然りとすればその日数の限界如何。

答　設例の如き場合においては施行規則第４条ではなく法第12条第６項の規定によ
る。　　　　　　　　　　　　　　　　　　　　　（昭23・4・22　基収第1065号）

【賃金締切日がある場合の起算日】

問　雇入後３カ月に満たない者の平均賃金の算定にあたり賃金締切日があるときは
この場合においても、なおその直前の賃金締切日から起算するか。

答　見解の通り。　　　　　　　　　　　　　　　（昭23・4・22　基収1065号）

②算定の基礎となる賃金 ━━━━━━━━━━━━

＜算定基礎賃金の範囲＞

【施行規則第２条による評価の基準】　施行規則第２条第３項の通貨以外のものの
「評価額が法令若しくは労働協約に定められていない場合」における都道府県労働基

準局長の評価額の決定の基準は「労働協約に定められた評価額が不適当と認められる場合」の評価額の決定の基準によること。　　　　（昭29・6・29　基発第355号）

＜算定基礎から除外される賃金＞

【臨時に支払われた賃金】　臨時に支払われた賃金とは、臨時的、突発的事由にもとづいて支払われたもの及び結婚手当等支給条件は予め確定されているが、支給事由の発生が不確定であり、且つ非常に稀に発生するものをいうこと。名称の如何にかかわらず、右に該当しないものは、臨時に支払われた賃金とはみなさないこと。

（昭22・9・13　発基第17号）

③常用労働者についての特例的な計算方法（昭和24年労働省告示第5号）

＜告示第5号に基づく平均賃金の算定＞

【昭和24年労働省告示第5号の運用】

　昭和24年4月11日付労働省告示第5号の運用について、左記によられたい。

記

(1)　第1条に規定する場合における平均賃金決定基準は昭和22年9月13日付発基第17号法第12条関係の「施行規則第4条の基準」を準用すること。

(2)　第2条に該当し、平均賃金を算定する必要が生じた場合には、都道府県労働基準局長が適当と認める金額に理由書を添え労働省労働基準局長宛申請すること。

　前項の理由書は、少なくとも次の事項を明らかにするものでなければならないこと。

(イ)　適当と認められる平均賃金額及びその計算方法

(ロ)　平均賃金を算定すべき事由の発生した経緯

(ハ)　事業の名称、内容、所在地及び労働者数

(ニ)　当該労働者の氏名、生年月日、就職年月日、職歴及び各職歴における勤続年数、事由発生時の労働態様、過去3カ月において労働した日数

(ホ)　当該労働者に対し支払われている実物給与については、その支給条件、種類毎にその名称、数量、公定価格（又はこれに準ずる統制額）及び当該地方における市場価格の平均、最高、最低額（但し価格の著しい変動があつた場合は、過去3カ月の毎月ごとに明らかにすること）並びに賃金が通貨で支払われたことがある場合には、その期間、支給条件及びその金額

(ヘ)　当該労働者の利用又は享受しうるその他の施設又は利益

㈠　当該地方（同一事業内を含む）において、同種労働者に対して異なる形態で賃金が支払われている場合には、その種類ごとに平均額

㈢　当該労働者の平均賃金算定に関係ある一般協定がある場合には必要な協定事項

㈣　当該職業について、一般職種別賃金が定められている場合にはその額

㈤　その他の参考となる事項

⑶　第２条の「算定し得ないと認める場合」とは労働協約によらないで、通貨以外のものが賃金の一部として支払われ、且つ過去３カ月間に支払われた貨幣賃金の総額をその期間の総日数で除して得た金額が、過去３カ月間に支払われた実物給与の総評価額との合計額をその期間の所定労働日数で除して得た金額の100分の60を著しく下る場合等をいうこと。

右の評価額は公定小売価格又はこれに準ずる統制額がある場合はその額、公定小売価格又はこれに準ずる統制額がないが市場価格のある場合はその平均額とすること。

但し、公定小売価格又はこれに準ずる統制額及び市場価格がない場合には、労働省労働基準局長へ稟伺すること。

この場合には当該貨幣賃金を⑵の事項の外に附記すること。

（昭24・４・11　基発第421号）

【昭和24年労働省告示第５号第２条に基づく平均賃金の決定】　都道府県労働基準局長が法第12条第１項乃至第６項によつて算定し得ないと認めた場合の平均賃金については、同条第８項の規定に基き昭和24年労働省告示第５号が設けられ、労働省労働基準局長が個々の事案について決定を行つてきたのであるが、同告示施行以来４年余の間の経験と実績から見て、平均賃金決定の迅速化を図るため、今回、右告示第２条の規定に基き、左記の場合（但し昭和26年３月29日付基発第203号の適用を受ける請負給制によつて雇用される漁業労働者、昭和27年６月４日付基発第442号の適用を受ける請負給制によつて雇用される林業労働者及び潜水夫の場合を除く。）は、都道府県労働基準局長が別紙の算定方法によつて算定した金額を、その平均賃金とする。

昭和27年５月23日付基発第412号（昭和24年労働省告示第５号第２条に基く平均賃金決定申請のための試算方法について。但し別冊参考を除く。）はこれを廃止する。

追つて、左記以外の場合については従前の例によるが、別紙算定方法の中準用し得るものがある場合には、それによる計算等を附記して申請されたく念のため申し

添える。

記

1　賃金の一部又は全部が労働協約によらずに通貨以外のもので支払われ、且つ過去一定期間に支払われた貨幣賃金の総額をその期間の総日数で除して得た額が、同期間に支払われた実物給与（通貨による賃金の代りに支給される物その他の利益をいう。）の総評価額（公定小売価格、これに準ずる統制価格、又は市場価格の平均額による。）との合算額をその期間の所定労働日数で除して得た金額の100分の60を著しく下る場合。

2　右1以外の場合であつて、賃金額について明確な定がなされていないか、又はなされていても雇入後の期間が短いため実際に受けるべき賃金が明らかでない場合、もしくは賃金台帳等、支払賃金額についての記録がないか、又はあつても記載が不完全であるため過去一定期間に受けた賃金の総額が明らかでない場合。

（別紙）平均賃金算定方法

　　通達記の1又は2に該当する場合の平均賃金の計算額は、次に定める算定方法によつて算定した金額とする。

1　通達記の1に該当する場合の平均賃金の計算額は、左の⑴によつて算出した実物給与（通貨による賃金の代りに支給される物その他の利益をいう。以下同じ。）の暦日1日当り評価額、又はその評価額と左の⑵によつて算出した通貨による賃金の暦日1日当り金額との合算額とする。

　㈠　実物給与の1日当り評価額

　⑴　食事については、次の各号（適用することが不可能又は著しく不適当と認められるものを除く。）の計算によつて得た金額の中最も実情に則すると認められる金額をもつて暦日1日当りの評価額とすること。

　㈪　過去3カ月間（雇入後の期間が3カ月に満たない者については雇入後の期間とする。但し過去3カ月間に盆、暮、正月等、生計費を著しく増大せしめる要因のある月が含まれ、その月を算入することが不適当と認められる場合には、その月を除外し、代りに当該期間に最も近い月であつて、右の如き要因のない月を加えることができる。）について使用者宅に信頼すべき家計簿がある場合にはその家計簿によつて当該労働者1人分の同期間における食料費の総額を求め、その金額を同期間の総日数で除す。但しこの場合には原則として消費単位（総理府統計局、左表参照）を用いて次式の計算を行うこととし、また炊事に要する労力費、光熱費等の間接的な費用を算入しないこと。

　　過去3カ月間における労働者1人分の食料費総額＝

$$\left(\begin{array}{l}過去3カ月間における\\家計簿上の食料費総額\end{array}\right) \times \frac{当該労働者の消費単位}{その家計に属する者の消費単位の合計}$$

消費単位表

満年齢	男子	女子	満年齢	男子	女子
0〜1歳	0.3	0.3	11〜14歳	0.8	0.8
2〜4歳	0.4	0.4	15〜20歳	0.9	0.9
5〜7歳	0.5	0.5	21歳以上	1.0	0.9
8〜10歳	0.7	0.7			

㈹　過去3カ月間（期間のとり方については右㈱に同じ。）当該労働者1人のために要した食料の品種、品質、数量等を使用者もしくは実際に炊事に従事した者等について調査し、労働者1人当り推定所要量につき公定小売価格もしくはこれに準ずる統制価格、又は市場価格の平均額によつて算出した実際費用の総額を同期間の総日数で除す。但し当該労働者の受けた食料品の一部又は全部（但し米を除く。）が、例えば家庭菜園における野菜の如く、使用者宅の自家製品（当該事業場で生産された製品については(3)の㈹参照）である場合は、その部分については、当該地方における生産者の平均売渡価格（売渡価格について統制価格である場合はその価格を限度とすること。）によつて評価すること。

㈥　当該事業所において同種同程度の食事の給与を受けている他の労働者について右㈱又は㈹の計算を行い、その1人平均額より推算する。

㈡　当該事業所所在地の地区、もしくはその地区と生活水準又は物価事情を同じくすると認められる他の地区の同種、同規模の事業所（事業所が多数ある場合には、適宜選定した5以下の事業所に限定することができる。）において当該労働者と同一の業務に従事し、同種同程度の食事の給与を受けている労働者（各事業所ごとに年齢近似の同性労働者1名を適宜選定すること。）について、右㈱又は㈹の計算を行い、その1人平均額を求める。

㈤　当該事業所所在地の地区、又はその地区と生活水準又は物価事情を同じくすると認められる他の地区における過去一定期間（当該期間中に盆、暮、正月等生計費を著しく増大せしめる要因のある月が含まれ、その月を算入することが不適当と認められる場合には、その月を除外し、代りに当該期間に最も近い月であつて、右の如き要因のない月を加えることができる。）の家計調査（総理府統計局昭和27年11月指定統計第56号。但し、他の官公庁においてこれに代るべき消費者価格調査等を行つており、当該調査結果を用いることが適当である

と認められる場合には、当該調査結果を用いることができる。以下同じ。）の食料費総額より、

① 当該調査結果の平均世帯人員数（例えば4.3人）に最近似の整数人員（4人）世帯の食料費総額を算出し（この場合単純比例によって差支えない。）

② その総額を世帯人員数別平均消費単位（総理府統計局、下表参照）で除した商に、

③ 当該労働者の消費単位（前掲参照）を乗じて当該労働者1人分の食料費総額を算出し、

④ その金額を同期間の総日数で除す。

これを算式で例示すれば次のとおりである。

過去一定期間の家計調査食料費総額＝F

家計調査の平均世帯人員数＝4.7人

5人世帯の平均消費単位＝4.06 ｝とすれば

当該労働者の年齢及び性別＝18歳男子

同上消費単位　　　　　　＝0.9

当該労働者の過去一定期間における食料費総額fは、

$$F \times \frac{5}{4.7} \times \frac{1}{4.06} \times 0.9 = f$$

①の計算　②の計算　③の計算

求める食事の実物給与の1日当り評価額は、④により

$$f \times \frac{1}{\text{過去一定期間の総日数}}$$ である。

世帯人員別消費単位表

世帯人員	平均消費単位	世帯人員	平均消費単位
2人	1.89	5人	4.06
3人	2.59	6人	4.81
4人	3.24	7人	5.69

(ヘ) 家計調査が行われている市町村のうちいずれか一について(ホ)に掲げる地区との生活水準又は物価の地区差が明確である場合には、その市町村の家計調査を行い、地区差を勘案して(ニ)の計算を行う。

㈼ 食事の給与に代えて通貨を支給せしめるとすれば使用者が支払つたであろうと認められる食事１日当りの金額を当該使用者等について調査し、その金額と過去３カ月間における実際食事日数との積を同期間の総日数で除す。

(2) 住込の利益については次の計算によつて得た金額をもつてその暦日１日当りの評価額とすること。但し、労働者に対して専用若しくは他の労働者と共用の居室が与えられておらず、使用者の家族と共に起居している場合においては、原則として住居の利益はこれを算入しないこととし、また当該労働者がその居室で使用する光熱等の利益は、その評価額が具体的に個々に算定し得る場合を除く外、原則として算入しないこと。

㈽ 当該労働者について専用の居室が提供されている場合には、その居室又はその近隣において賃貸されている同種同程度の居室の１カ月間の賃貸価格を30で除す。

㈺ ２人以上の労働者に対して１室がその共用に供されている場合には、右㈽によつて得る金額を更にその労働者数をもつて除す。

㈻ 右㈽又は㈺により難い場合には、当該使用者等の評価額並びに生活保護法により居室所在地について定められている住宅扶助基準月額等を参酌の上、調査官がその居室の１人１月当りの利益を評価し、その金額を30で除す。

(3) 労働者に支給される食事及び居室以外の物又は利益について、それ等を平均賃金算定の基礎に含めるべきか否かの判定並びにその評価に関しては左による外、なお実物給与に関する法令及び従来の通達の趣旨並びに実情を考慮し、右(1)及び(2)に準じて慎重に取扱うこと。

㈽ 衣料品、その他の物又は利益については、それが当該地方の慣習上一般に労働の対償として支給されるものであつて、その品質数量等が予定し得るものであるときはこれを平均賃金算定の基礎に算入すべき賃金とみなし、原則として、使用者がその物を購入し、若しくは利益を提供するに要した実際費用（公定小売価格もしくはこれに準ずる統制価格又は市場価格の平均額による。衣料品その他の物を、購入後長期間を経過した後に実際に支給する場合の如く、購入に要した実際費用と、支給時の評価額とに差がある場合には、その支給時の評価額）をもつてその評価額とする。

㈺ 当該事業所で生産された製品が事業所の慣行として支給されている場合には、それが通貨による所定賃金の代りに支給され、そのために通賃金が減額されるものである場合に限り賃金とみなし、当該地方に生産者の平均売渡価格（但し米については消費者価格）をもつてその評価額とする。

(ハ) 右の(イ)及び(ロ)に掲げる物又は利益が、随時又は盆、暮、正月等年間の特定時期に支給される場合であつてその評価額を平均賃金の基礎に算入することが適当であると認められる場合には、原則として、平均賃金を算定すべき事由の発生した日以前1カ月間（季節的に雇用される労働者については当該季節の期間）に支給された物又は利益の総評価額（雇入後の期間が当該期間に満たない者については、実際に受けた物又は利益の評価額と、その者が当該期間の初日に雇い入れられていたならば支給を受けたであろうと認められる物又は利益の推定評価額との合算額）を当該期間の総日数で除した金額をその暦日1日当り評価額とする。

(ニ) 通貨による賃金の暦日1日当り金額

通貨によつて支給される賃金については、次の各号の計算によつて得た金額を暦日1日当りの金額とすること。但し通貨による賃金の部分が、通達記の2に該当する場合には、その部分については記の2の場合について定める計算方法によつて算出した金額とすること。

臨時に支払われる賃金、及び3カ月を超える期間毎に支払われる賃金は、原則として平均賃金の算定基礎から除外すべきであるが、毎月支払われるべき賃金の一部が、例えば年間の特定時期に数カ月分を一括して支払われる定になつていて、それらを除外すれば平均賃金が著しく低額となる場合には、右にかかわらずそれらの賃金を算入すること。

なお、使用者から支給されることが既に恒常的な慣習となつていて、労働者にそれに対する期待権を生じているような金銭については、たとえその支給が労働契約等に明らかに定められていない場合であつても、賃金として取り扱つて差支えない。

i 月もしくは月より短い一定の期間によつて定められている賃金については、法第12条第1項乃至第6項に定める方法によつて計算する。

ii 月より長い期間によつて定められる賃金及び年間の特定時期に支給される賃金については、平均賃金を算定すべき事由の発生した以前1ヵ年間（季節的に雇用される労働者については当該季節の期間）に支給されたその種の賃金の総額（雇入後の期間が当該期間に満たない者については、実際に受けたこの種の賃金の総額と、その者が当該期間の初日に雇い入れられていたならば支給を受けたであろうと認められるこの種の賃金の推定額）との合算額を同期間の総日数で除す。

iii 右i及びiiの賃金が併給される場合に、過去3カ月間に支給されたiの賃金

の総額を同期間の総所定労働日数で除した商と、ⅱの賃金総額をⅱに定める期間における総所定労働日数で除した商との和の100分の60が、ⅰの計算によつて得た金額より高くなる場合には、ⅰ及びⅱにかかわらず右の100分の60の金額をもつて通貨による賃金の暦日1日当りの金額とする。

2　通達記の2に該当する場合の平均賃金（通達記の1に該当する場合のうち、1の(2)本文但書により通貨による賃金の部分について本項を準用する場合には、当該部分の賃金の暦日1日当り金額。以下同じ。）の計算額は、左の各号の一によつて算出した金額とする。

(一)　賃金額について明確な定がなされていないか、又はなされていても雇入後の期間が短いため実際に受けるべき賃金額が明らかでない場合の平均賃金の計算額は、次の各号の一（(1)以下(6)までの計算方法は適当なものまで順次繰り下げて適用すること。）によつて算定すること。

(1)　平均賃金を算定すべき事由の発生した日又はその日の属する賃金算定期間もしくはなるべく最近の賃金算定期間において当該事業所で同一業務に従事した労働者の1人平均の賃金額により推算する。（推算の方法については、昭和26年3月26日付基発第184号通達2及び3項参照）

(2)　平均賃金を算定すべき事由の発生した日に当該事業所所在地区又はその地区と生産水準又は物価事情を同じくすると認められる他の地区における同種、同規模の事業所（事業所が多数ある場合は、適宜選定した5以下の事業所に限定することができる。）において、当該労働者と同一の業務に従事した労働者1人平均の賃金額により推算する。（推算の方法については前掲通達参照）

(3)　当該労働者が各数カ月間に当該事業所（以下本項で甲という。）所在の地区又はその地区と生活水準又は物価事情を同じくすると認められる他の地区における同種、同規模の事業所（以下本項で乙という。）で同一の業務に従事した事実があり、乙で受けた賃金が明確であり、また当該地方の賃金水準、一般慣習等を参酌して相当であると認められる場合には、その賃金額により推算する。

(4)　賃金が労働者2人以上よりなる組に対して一括して支払われる場合であつて、個々の労働者に対する配分方法について予め定がなされていない場合においては、各労働者の経験年数、能力、生産高、実働日数、年齢等を勘案し、当該労働者1人分の賃金額を推定し、その金額より推算する。

(5)　当該労働者が受けるべき賃金額について使用者が推定した金額が、当該地方の一般の賃金水準又は生活水準もしくは物価事情等を参酌して妥当と認められる場合には、その金額により推算する。

(6) 当該労働者が従事した職業について、昭和27年労働省告示第30号による平均賃金又は昭和22年労働省告示第8号による一般職種別賃金の定がある場合にはその金額（一般職種別賃金については原則として標準基本日額）により推算する（推算に当つては100分の73の係数その他過去一定期間における総日数と実労働日数との比率を用いる等なるべく甲の実情に則した方法をとること。）。

(二) 賃金台帳等、支払賃金額についての記録がないか、又はあつても記載が不完全であるため、過去3カ月間に受けた賃金の総額が明らかでない場合の平均賃金の計算額は、次の各号の一に掲げる金額が、当該地方の賃金水準又は生活水準もしくは物価事情等を参酌して妥当と認められる場合にはその金額により推算した金額とし、次の各号により難い場合には前記2の各号に準じて推算した金額とする。

(1) 当該労働者が過去一定期間に受けた賃金額について、本人もしくはその家族等が記録しているか、又は使用者との間において確認している場合にはその金額。

(2) 当該労働者に対し過去一定期間に支払つた賃金額について、使用者に明確な記録がある場合にはその金額。

(3) 賃金が労働者2人以上よりなる組に対して一括して支払われた場合であつて、当該労働者に対する配分額が明らかでない場合には、各労働者の経験年数、勤続年数、能力、生産高、実働日数、年齢等を勘案し、当該労働者について推定した配分賃金額。

(4) 当該事業所を管轄する税務署の、給与所得に対する源泉徴収所得税調査簿並びに所轄都道府県失業保険徴収課又は職業安定課の失業保険徴収補助簿及び各局労災補償課の労災保険概算保険料報告書等によつて調査官が調査した当該労働者の賃金額。

(5) 賃金の一部又は全部が出来高払制その他の請負給制で支払われる場合であつて、当該事業所の親事業又は製品の納入先もしくは取引先等の記録により、当該事業所の過去一定期間における製品の品種並びに生産高等が確認され、且つ個々の労働者の能率、実働日数、生産高等が明らかであるため、総生産高に応じて支払われた当該部分の賃金額が当該労働者について明らかに算出される場合には、その部分の賃金額についてはその金額。

(昭29・1・15　基発第1号)

【昭和24年労働省告示第５号第２条に基づく平均賃金の決定】　下記事案における平均賃金については、従来、労働基準法（以下「法」という。）第12条第８項の規定に基づく昭和24年労働省告示第５号第２条により労働省労働基準局長が個々の事案ごとに決定を行なつてきたところであるが、これらの事案についての個別決定例が多いので、平均賃金決定の迅速化及び事務の合理化を図るため、同告示同条の規定に基づき、今後、都道府県労働基準局長が下記に定める算定方法により算定した金額をその平均賃金とすることとしたので了知されたい。

記

1　平均賃金の算定期間が２週間未満の労働者（法第12条第３項の控除期間及び同条第８項に基づく通達により控除される期間を除いた期間が２週間未満の労働者を含む。以下同じ。）で次の(1)又は(2)に掲げるものの平均賃金は、それぞれ次に定める算定方法によつて算定した金額とすること。

⑴　平均賃金の算定期間中のすべての日に稼働している者（(2)に該当する者を除く。）

　　当該算定期間中に当該労働者に対して支払われた賃金の総額をその期間の総暦日数で除した金額に７分の６を乗じて算定した金額

⑵　平均賃金の基礎となるべき賃金が短時間就労、長時間残業その他通常の労働と著しく異なる労働に対する賃金であるため、これを基礎に算定した額を平均賃金とすると著しく不適当なものとなる者

　　過去に当該事業場において当該労働者と同種の業務に従事した労働者（以下「同種労働者」という。）の労働時間数（同種労働者がいない場合には、当該労働者にあらかじめ予定され、又は推定される労働時間数）等を勘案して、通常の労働に対する賃金額に修正して算定した金額

2　賃金の全部又は一部が月によつて定められ、かつ、その期間中の欠勤日数に応じて減額されない場合において、平均賃金の算定期間が一賃金算定期間に満たないときは、前記1に該当する場合であつても、次の(1)又は(2)により算定した金額をその平均賃金とすること。

⑴　賃金の全部が月によつて定められている場合には、その賃金を30で除した金額

⑵　賃金の一部が月によつて定められている場合には、その賃金を30で除した金額とその賃金について法第12条により算定した金額を合算した金額

3　じん肺法第４条第２項に規定する健康管理の区分が管理4に該当するに至つた労働者に対する災害補償に係る平均賃金については、その平均賃金の算定期間中

に明らかにじん肺に関連するとみられる休業期間（以下「休業期間」という。）がある場合には、その休業期間中の日数及びその賃金を、平均賃金の算定期間及び賃金の総額から控除すること。ただし、休業期間中に平均賃金の算定事由が発生した場合には、その休業を開始した日を平均賃金を算定すべき事由の発生した日とみなすこと。

（昭45・5・14　基発第375号）

＜雇い入れ後３カ月未満の場合＞

【雇い入れ後３カ月に満たない者の平均賃金の算定】

問　雇入後３カ月に満たない者の平均賃金の算定については、労働基準法第12条第6項の規定があり、この場合においても同条第2項の適用が排除されるものでないと解されているが（昭和23・4・22基収第1065号）総てこのように一律に取扱うときは極めて妥当をかく場合があるのでその際は当然昭和24年労働省告示第5号第2条により個々のケースにつき本省に稟伺し、その決定を待つものと思料されるが、その煩を避けるため左記の通り取扱つてよいか。

記

雇入後３カ月に満たない者について平均賃金を算定すべき事由の発生した場合は法第12条第2項は適用しないこととする。

但し直前の賃金締切日から遡つて起算してもなお、完全に一賃金締切期間（1カ月を下らない期間）が存している場合はこの限りでない。

答　雇入後３カ月に満たない者について平均賃金を算定する場合は法第12条第1項乃至第6項による。但し直前の賃金締切日より計算すると未だ一賃金算定期間（1カ月を下らない期間）に満たなくなる場合には、昭和24年労働省告示第5号第2条に基き事由の発生の日から計算を行なうこととする。

（昭27・4・21　基収第1371号）

【３カ月未満の者に対して、一賃金締切期間に満たない期間の就労に対して月によつて定められた賃金が減額されずに支払われる場合の平均賃金の算定】

問　左記の如き事案の場合、平均賃金の算定はいかにすべきか。

記

(1)　事案の概要（略）

(2)　賃金支払の状況

被災労働者に対しては、月によつて定められた賃金として、本給（基本給、職能給）、調整加給、住宅手当、本社・支店勤務手当が支払われており、月によつて

定められた賃金以外の賃金としては、深夜手当が深夜労働時間数に応じて支払われている。

被災労働者は、賃金締切期間の中途で採用されたものであり、雇入れ日（56年4月1日）以降、最近の賃金締切日である4月15日まで、15日間の就労実績しかないが、月によつて定められた賃金については、減額（日割計算）されることなく、その全額が支払われている。

答 設問のごとく、雇入れ後3カ月に満たない者について平均賃金の算定事由が発生した場合であつて、平均賃金算定期間中に、一賃金締切期間に満たない期間（賃金締切期間の中途で雇入れられ又は退職したために、就労期間が一賃金締切期間に満たない期間をいう。以下同じ）の就労に対して、月によつて定められた賃金が減額されることなく支払われている期間があるときは、昭和24年労働省告示第5号第2条の規定に基づき、次の(1)又は(2)により、平均賃金を算定すること。

(1) 月によつて定められた賃金については、平均賃金算定期間中に支払われた賃金の総額を、その期間の暦日数で除すことなく、一賃金締切期間に満たない期間の日数を30日とみなし、当該30日と平均賃金算定期間におけるその余の日数との合計の日数で除すこと。

(2) 月によつて定められた賃金以外の賃金があるときは、当該賃金について、法第12条第1項から第6項により算定した金額と(1)により算定した金額との合算額をもつて平均賃金とすること。 　　　　　（昭57・5・14　基収第93号）

＜月給日給制の場合の最低保障＞

【いわゆる月給日給制の場合の平均賃金の算定】

問 月額で賃金額が定められ、欠勤1日についてその30分の1乃至は25分の1等の如く日割によつて賃金額を減額する所謂月給日給制で支払われる賃金については、法第12条第1項但書の規定による平均賃金の最低保障額の計算に当つては、月によつて定められた賃金とみなすこととされている。

従つて月給日給制で賃金の一部乃至は全部が支払われている労働者の平均賃金の

算定に当つて、算定の基礎となる過去3カ月間におけるその労働者の欠勤日数が多い場合には、算出額が著しく低額となり平均賃金として不適当なものとなるおそれがあるが、この場合の救済については、同条第8項によるべきであるとされている。

（昭27・5・10　基収第6054号）

　欠勤日数に応じて月給額を減額する月給日給制は、月給制といえども出勤日数に応じて支払われる日給制に比して、実質的にはさしたる差異が認められないから、自今左記の如く、月給日給制で支払われる賃金についても法第12条第1項但書の規定を適用する場合には月によつて支払われる賃金とみなすことなく、月額を1カ月の所定労働日数を以つて除した商が、日給として出勤日数に応じて支払われるものと擬制して平均賃金を算定したいと考えるが宜しいか。

記

過去3カ月間の総日数（暦日数）	D
過去3カ月間の実労働日数	d
1カ月平均所定労働日数	f
過去3カ月間の月給の総額	P
月給日給制で支払われる賃金額　1カ月満稼働の場合に支払われる賃金額	Q
過去3カ月間に実際に支払われた賃金額	R
過去3カ月間に時給、日給、出来高給で支払われた賃金額	S

I　平均賃金 $= \dfrac{P + R + S}{D}$　（法第12条前段）

II　平均賃金 $= \left(\dfrac{S + \dfrac{Q}{f} \times d \times \dfrac{60}{100} + \dfrac{P}{D}}{d} \right)$　（法第12条但書）

答　賃金の一部もしくは全部が、月、週その他一定の期間によつて定められ、且つ、その一定の期間中の欠勤日数若しくは欠勤時間数に応じて減額された場合の平均賃金（算定期間が4週間に満たないものを除く。）が左の各号の一によつてそれぞれ計算した金額の合計額に満たない場合にはこれを昭和24年労働省告示第5号第2条に該当するものとし、自今、かかる場合については、同条の規定に基き都道府県労働基準局長が左の各号の一によつてそれぞれ計算した金額の合計を以つてその平均賃金とする。

1　賃金の一部が、労働した日もしくは時間によつて算定され、又は出来高払制によつて定められた場合においては、その部分の総額をその期間中に労働した日数で除した金額の100分の60

2　賃金の一部もしくは全部が、月、週その他一定の期間によつて定められ、且つ、その一定の期間中の欠勤日数もしくは欠勤時間数に応じて減額された場合においては、欠勤しなかつた場合に受けるべき賃金の総額をその期間中の所定労働日数で除した金額の100分の60

3　賃金の一部が月、週その他一定の期間によつて定められ、且つ、その一定の期間中の欠勤日数もしくは欠勤時間数に応じて減額されなかつた場合においては、その部分の総額をその期間の総日数で除した金額

（昭30・5・24　基収第1619号）

＜賃金形態が変更された場合の最低保障＞

【平均賃金の算定期間】

圕　平均賃金を算定すべき事由の発生した日以前３カ月間内に日給より月給に修正された月が含まれた場合（その賃金締切日がそれぞれ異なる場合）の期間の取り方について左記の通り疑義があるので回示願いたい。

記

管下某事業場においては入社後満４年に達した日給者は毎年１月１日及び７月１日の両度に月給に引直すように就業規則で規定し、日給より月給になつた者は月給になつた月１カ月分とその前月の11日以降月末迄の日給とを含めて１カ月分として支給される。なお該事業場の賃金締切日は日給者は毎月10日、月給者は毎月月末である。

例　１月１日に日給より月給になつた者が２月４日に平均賃金を算定すべき事由が発生した場合、次の通りA、B及び直前の賃金締切日である１月31日より起算し、正３カ月所謂11月１日の間をとるCの３方法が考えられるが、Bは法定の３カ月に満たず、又Cは11月の賃金締切期間の中途より日割計算をする等その算出に相当手数を要するので当局としては貴局より何分の指示があれば改めてその方法により算出されることとし、取り敢えずAの算定方法によるように指導している。

A　月給者の賃金締切日は月末であるから２月４日以前３カ月間の賃金締切日を基準にすれば１月、12月、11月（自10月11日、至11月10日）となる。

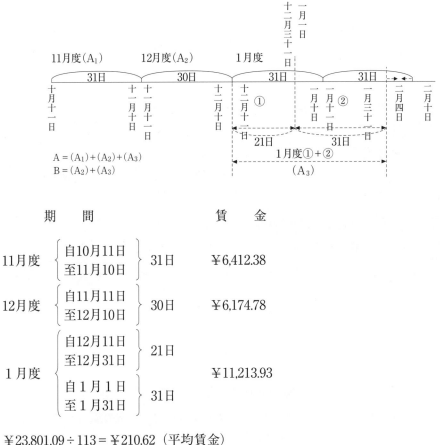

$$A = (A_1) + (A_2) + (A_3)$$
$$B = (A_2) + (A_3)$$

期　　間			賃　　金
11月度	自10月11日 至11月10日	31日	¥6,412.38
12月度	自11月11日 至12月10日	30日	¥6,174.78
1月度	自12月11日 至12月31日	21日	¥11,213.93
	自1月1日 至1月31日	31日	

¥23,801.09 ÷ 113 = ¥210.62（平均賃金）

B　3カ月に近い期間をとれば次の通りとなる。

期　　間			賃　　金
12月度	自11月11日 至12月10日	30日	¥6,174.78
1月度	自12月11日 至12月31日	21日	¥11,213.93
	自1月1日 至1月31日	31日	

¥17,388.71 ÷ 82 = ¥212.05（平均賃金）

答　設問の場合法第12条第8項に基く昭和24年告示第5号第2条によるが、その算定の方法は左に掲げる額を下らない限り同法第1項本文が規定する方法に従つて差支えない。

t_1　　（日給期間）

$t_1{}'$　（日給期間中の実労働日数）

t_2　　（月給期間）

w_1　　（日給総額）

w_2　　（月給総額）

とすれば

但しt_1とt_2は異なる時期の期間である。

　求める額は

$$\frac{\left(\dfrac{w_1}{t_1{}'} \times \dfrac{60}{100} \times t_1 \right) + \left(\dfrac{w_2}{t_2} \times t_2 \right)}{t_1 + t_2}$$

となる。

2　期間については見解Bの通りに取り扱われたい。

（昭25・7・24　基収第563号）

＜私病等の休業者につき再出勤後算定事由が発生した場合＞

【３カ月間の私病欠勤の場合の平均賃金の算定】

問　別紙の事例について左記の通り算定の方法が考えられるがいずれを取るべきか。

記

⑴　法第12条第１項によれば５月16日より遡り３カ月を取つて計算することとなるが同条第２項により直前の賃金締切日より計算するとすれば、４月20日となり、その日より遡つた３カ月は私病休業中で計算が出来ないから告示第５号第１条の「平均賃金を算定すべき事由の発生した日」を直前の賃金締切日即ち４月20日と解し、昭和24年４月11日付基発第421号通牒により発基第17号法第12条関係の４を準用すべきか。

　　（注）法第12条第２項にいう「直前の賃金締切日から起算する」とは直前の賃金締切日に算定すべき事由が発生したものと見做してその日より起算するという法意と解すれば告示第５号の「平均賃金を算定すべき事由の発生した日」を直前の賃金締切日即ち４月20日と解しても不合理でない。

⑵　告示第５号第１条の「平均賃金を算定すべき事由の発生した日」の意義を平均賃金算定の基礎となる賃金の全くない休業より出勤した第１日を指し、本例の如く出勤してより数日を経過したものは指さないと解すれば法第12条第１項によつて計算すべきか。

（注）この場合法第12条第2項の直前の賃金締切日が問題となるが直前の賃金締切日即ち4月20日より遡つて3カ月の賃金は事実上無いのである。かかる場合に於ても尚第2項が第1項を拘束するかということについては疑義があると思う。拘束しないと解すれば法第12条第1項によつて計算することとなる。又この算定方法が実情に即している。なんとなればこの場合仮りに算定すべき事由が5月21日に発生したとすれば当然直前の賃金締切日5月20日より遡つて3カ月の賃金をもととして計算され5月17日に発生した場合と大差ないこととなるが、前述(1)の方法によつて5月17日に発生した場合を計算すると大差を生ずることとなり実情に即せず平均賃金の意義からいつても疑義を生ずる様に思う。

(3) 告示第5号第2条に依るべきか。

（注）基発第421号通牒告示第5号関係(3)によれば算定し得ない場合とは実物給与を含む場合のみと解されるが、実物給与を含む場合のみならず本例の如きも「算定し得ない場合」として労働省労働基準局長に伺うべきか。

別紙

① 事由発生工場名　○○紡績㈱○○工場

② 発生に伴う被害者　資材輸送工○○○○明治35年10月23日生

③ 右人入社月日　昭和19年6月26日

④ 右人災害発生月日その他(イ)昭和25年5月17日午後5時50分(ロ)業務上に基づく右背部打撲擦過傷

⑤ 労働条件(イ)賃金締切日　毎月20日　(ロ)雇用条件　常用労務者　(ハ)支給条件日給

⑥ 事故発生前の給与支払状況（入社）昭19・6・26、昭24・10・21—昭25・4・20……私病の神経衰弱症のため休業（賃金が支給されない期間）、昭25・4・21—昭25・4・23……本人都合で欠勤（賃金が支給されない期間）、昭25・4・24—昭25・5・16出勤20日（賃金が支払われた期間）、事故発生　昭25・5・17、賃金締切日20日、出勤20日間の賃金支払額……賃金総額4,840円40銭

本　　　　　給	2,764.00	1日138円20銭
勤　続　給	144.00	1日につき7円20銭
家　族　給	1,560.00	2人家族（日割計算）
地　域　給	268.08	勤続給、本給、家族給の6％
時間外勤務手当	104.31	
小　　　計	4,840.40	

⑦　平均賃金算定の不可なる理由　前述表示の通り被害者は昭和24年10月21日から昭和25年4月20日まで私病の神経衰弱症の為休業し、更に4月21日から同23日まで本人都合の為欠勤しており、賃金締切日が毎月20日のため、法第12条第2項「直前の賃金締切日から起算」も不可である。

答　設問の場合は、昭和24年告示第5号第2条によるが、その算定方法としては出勤以降の賃金及び日数について法第12条第1項の方法を用いられたい。

（昭25・12・28　基収第4197号）

【私病直後の事故の場合における平均賃金の算定】

問　当局管内○○炭礦株式会社○○礦に発生した別紙事例について平均賃金算定上左の方法が考えられるが何れを採るべきか。

記

1、平均賃金算定の不合理な場合として昭和25年12月28日付基収第4197号通牒の事例により出勤以降の賃金及び日数（昭和26年10月16日より同24日までの賃金及び日数）によつて算定する方法（この場合平均賃金は526円55銭となる）

2、平均賃金を算定すべき事由の発生した日は昭和26年10月25日であるから法第12条第2項により直前の賃金締切日即ち9月30日を起算点として以前3カ月間（私病により休業した9月、8月、7月）に当該労働者に対して支払われた家族手当4,800円のみを基礎として算定する方法（この場合平均賃金は52円17銭となる）

3、私病により休業を始めた日即ち昭和26年5月31日以前3カ月間に当該労働者に支払われた賃金と日数により算定する方法（この方法をとることは本事例の場合不適当と思われる）

（別紙）

一、事業所名　　○○炭礦株式会社○○礦

一、所　在　地　　○○県○○郡○○町○○

一、平均賃金の算定を必要とする労働者の職氏名及び生年月日

　支柱工手　A　明治42年2月21日生

一、平均賃金算定事由発生年月日

　昭和26年10月25日

一、平均賃金を算定すべき事由

　昭和26年10月25日午前11時25分当該事業場○○坑巻上本線20米に於て実車5函を捲き上げた処実車に轢かれて受傷し病院に療養する。翌26日午前零時50分遂に死亡し災害補償費算定の必要が生じた。

一、賃金支給条件　請負給制

　　賃金締切日　毎月末

一、事故発生前の出勤状況

　　自昭和26年 5 月13日

　　至昭和26年 5 月27日……有給休暇

　　自昭和26年 5 月28日

　　至昭和26年 5 月30日……出勤

　　自昭和26年 5 月31日

　　至昭和26年10月15日……私病（ロイマチス性左膝関節炎）のため休業

　　自昭和26年10月16日

　　至昭和26年10月25日……出勤（但し10月21日は公休）

一、事故発生前の賃金支給状況10月分（10月16日より10月24日まで）

　　基本賃金　　　　　　　　　　　　3,098円

　　生産能率手当　　　　　　　　　　 441円

　　家族手当　　　　　　　　　　　 1,200円

　　　　　　　　計　　　　　　　　 4,739円

　　9月分

　　8月分

　　家族手当のみ　　　　　　　　　 各1,600円

　　7月分

　　6月分

　　5月分（労働日数27日）　　　 17,199円20銭

　　4月分（労働日数26日）　　　 15,693円37銭

　　3月分（労働日数19日）　　　 12,222円16銭

　　（注）礦員給与規程（抜粋）

一　生産能率手当

1　当月の個人能率が基準能率に達した場合在籍 1 人当り平均月額500円を支給する。

2　当月の個人能率が基準能率に達し上昇下降 1 ％毎に在籍 1 人当り平均月額30円を増減する。

3　生産能率手当の総額は最高800円を限度とする。

4　7、8、9月に限り基準能率の95％を100％とする。

二　家族手当

扶養家族1人につき400円を支給する。

　会社の規定する扶養家族中の18歳未満及び60歳以上の者、主婦並びに主婦代理者と認められる者に支給し左の条件を必要とする。

　出勤方数15以上のもの、但し公私症患者は出勤方数に算入する。

答　設問の場合は昭和24年告示第5号第2条によるが、その算定方法としては貴見1の通り。　　　　　　　　　　　　　　　（昭26・12・27　基収第5942号）

【休業後出勤直後の平均賃金の算定】

問　当局管内○○炭鑛より別紙事例について平均賃金算定方法の照会があり、左記の通り算定方法が考えられるがいずれを採るべきか。

記

　法第12条第2項によつて直前の賃金締切日より計算するとせば12月31日となりその日から遡つた3カ月中12月1日より12月31日まで年次有給休暇を行使しておるので同賃金をもつて平均賃金を算定することができる。

　然しながらこの場合平均賃金額をもつて更に平均賃金を算定する結果となり不合理であると考えられるが如何。

（注）「年次有給休暇の日数及びこれに対し支払われる賃金は法第12条の平均賃金の計算においてはこれを算入しなければならない」という昭和22・11・5基発第231号通牒は過去3カ月間の賃金中年次有給休暇を含む場合を指し本事例の如く過去3カ月間中実稼働なく年次有給休暇の賃金のみうけておる場合とは又異なるものであると解される。

1　平均賃金算定の不合理な場合として告示第5号第2条によつて出勤以降の賃金及び日数によつて算定する（昭25・12・28　基収第4197号通牒による）。即ち同人は従来採炭作業に従事し採炭夫として賃金をうけておるが業務上負傷し治癒後職場転換し坑外雑夫（夜警）として勤務中負傷し平均賃金を算定すべき事由発生したものであるから前記1の賃金は採炭夫であるところから新職種の夜警の賃金を基礎として算定することが妥当とも考えられる。

（別紙）

一、事業所名　　○○炭鑛

一、所在地　　○○郡○○町

一、平均賃金の算定を必要とする労働者の職氏名

　　　○○坑外雑夫（夜警）A

一、平均賃金を算定すべき事由の発生年月日

昭和26年1月31日

一、平均賃金を算定すべき事由

昭和16年1月31日0時50分夜警勤務にて巡視中誤つて溝に落ち左足踵部を打撲負傷す。

一、賃金支払条件　日給制　　　　　　　　賃金締切日毎月末

一、事故発生前の出勤状況

自昭24・1・27……至昭25・11・25	業務上負傷のため休業
自昭25・11・26……至昭25・11・30	欠勤
	療養を打切られたが作業不能の為休業す。
自昭25・12・1……至昭25・12・31	有給休暇
自昭26・1・1……至昭26・1・26	欠勤
自昭26・1・27……至昭26・1・30	出勤
	職種変更　坑外雑夫（夜警）として勤務す。

昭26・1・31　負傷

一、事故発生前の給与支給状況

自昭25・12・1……至昭25・12・31

有給休暇26日分この手当として家族手当2,000円、有給休暇手当23,176円32銭受領

自昭26・1・27……至昭26・1・30

夜警として4日間賃金893円44銭受領

答　設問の場合は昭和24年告示第5号第2条によるが、この算定方法としては坑外雑夫としての出勤以降の賃金及び日数について法第12条第1項の方法を用いられたい。

（昭26・11・1　基収第3642号）

＜請負制の漁林業労働者の場合＞

【請負給制によって使用される漁業及び林業労働者の平均賃金】　請負給制（定額給制のものでも相当額の歩合給が供給されているものを含む。以下同じ。）によつて使用される漁業及び林業労働者の平均賃金については、その賃金の特殊性及び労働基準法（以下「法」という。）の施行の実情にかんがみ、昭和24年労働省告示第5号第2条の規定に基づき、従来、昭和31年6月7日付け基発第369号通達により、都道府県労働基準局長の承認した平均賃金に関する協定があるときは、その協定によ

る金額とすることとして、協定制度を推進してきたところであるが、最近における賃金水準の変動の実情等にかんがみ、自今下記のとおり定めることとしたから、その運用の遺憾なきを期されたい。

　なお、平均賃金を法第12条第1項から第6項までの規定により、算定することをできるだけすみやかに可能容易ならしめるためにも、法の要請する賃金その他の労働条件の明確化、賃金台帳の整備、記入の適正化等についての監督指導には、格段と努力されたい。

　昭和31年6月7日付け基発第369号通達及び昭和31年7月31日付け基収第2737号通達は、廃止する。

記

1　請負給制によつて使用される漁業及び林業労働者の平均賃金は、原則として、法第12条第1項から第6項までの規定に定める方式により、平均賃金を算定すべき事由の発生した日以前1箇年間について算定する。

2　前号の規定により算定しえない場合（著しく不適当な場合を含む。以下同じ。）には、都道府県労働基準局長が当該事業場において当該労働者と同種の業務に従事した労働者（平均賃金算定資料の明らかなものに限る。）について、前号の規定に準じて算定した金額の1人あたり平均額をもつて、その平均賃金とする。

3　前2号の規定により算定しえない場合（算定することが著しく困難なため災害補償の遅延等により当該労働者に不利益となるような場合を含む。以下同じ。）であつて、当該労働者の平均賃金に関し、次の要件をみたし、都道府県労働基準局長が承認した協定があるときは、当分の間、その協定による金額をもつて、その平均賃金とする。また、この協定の締結については、できるかぎり協同組合等使用者団体ごとに一括して締結するよう指導するものとする。

(1)　協定の当事者

　　協定は、使用者とその事業場における労働者の過半数を代表する者との間で締結されたものであること。

(2)　協定の様式

　　協定は、書面に作成し、両当事者が記名押印したものであること。協同組合等使用者団体ごとに一括して協定を締結する場合には、協定に参加する使用者及びその事業場における労働者の過半数を代表する者が記名押印したもの又は記名押印した書面による委任に基づき双方の代表者が記名押印したものであること。

(3)　協定の金額

協定は、各職種ごとの平均賃金とする金額が明記され、かつ、その金額がそれぞれ次の基準以上であること。

(イ)　漁業にあつては、都道府県労働基準局長が別紙「漁業労働者賃金調査要綱」によつて行なう過去1箇年間（一定の季節を限つて使用される労働者については、前年におけるその期間。以下同じ。）についての調査の結果における当該都道府県の漁業労働者の職種別及び都道府県労働基準局長が定める区分別、1実働日あたり平均賃金額に当該区分別平均稼働率（その率が100分の60に満たないときは、100分の60とする。）を乗じて得た金額。

(ロ)　林業にあつては、労働大臣官房労働統計調査部の行なう「林業労働者職種別賃金調査」の前年の調査の結果における当該都道府県の出来高払の林業労働者の通勤・山泊地区別、職種別1日平均現金給与額に、当該職種の平均稼働率（その率が100分の60に満たないときは、100分の60とする。）を乗じて得た金額。

(4)　協定の有効期間

協定は、有効期間が1年以内であること。

(5)　協定の更新又は再締結

更新又は再締結された協定については、その協定の金額は、漁業にあつては過去1箇年間についての調査、林業にあつては前年の調査の結果に基づく承認基準の金額以上のものであることとし、調査を行わないまま従前の金額による更新を承認し、又はそれ以前の調査の結果に基づき協定を承認することは絶対にしないこと。

4　第1号、第2号、第3号のいずれの規定によつても算定しえない場合（漁業労働者については、当該都道府県において当該労働者の属する区分及び職種に係る平均賃金協定の承認基準の金額が明らかにされているときに限る。）は、当分の間、都道府県労働基準局長が、前号(3)の基準の算定方法に準じて算定した金額をもつて、その平均賃金とする。

漁業労働者賃金調査要綱

1　調査対象

漁船に乗り組む労働者（船員法の適用を受ける者を除く。）の賃金等の実態を調査する。

2　調査漁船

漁船（船員法第1条第2項第3号に掲げるものに限る。以下同じ。）のうちから無作為抽出した漁船（以下「調査漁船」という。）について調査する。

調査漁船の抽出は、漁船について主な漁獲物別、漁法別、地域別等平均賃金協

定の承認基準の金額を算出するにあたつて都道府県労働基準局長が区分すること
を適当と認める区分ごとに、おおむね10隻程度抽出するものとする。この場合に
おいて、同一事業場に属する漁船は１隻に限るものとする。

3 調査期間

　　原則として、毎年１月１日から12月31日まで（一定の季節を限つて行なう漁業
にあつてはその漁期。）について、翌年１月１日から２月末日までに調査し、結果
を算定する。

4 調査要領

　　調査は、別添⑴「漁業労働者賃金調査票」を用い、別添⑵「漁業労働者賃金調
査票記入要領」により調査記入することによつて行う。

5 調査結果

　　調査結果は、２の区分別に、次の事項について、それぞれ示す要領により集計、
算出する。

⑴　調査漁船数

⑵　使用期間暦日の総計

　　各調査漁船の使用期間暦日数の合計日数（調査票における⒜欄の数値）を合
計する。

⑶　実労働日数の総計

　　各調査漁船の実労働日数の合計日数（調査票における⒝欄の数値）を合計す
る。

⑷　実延歩建人員の総計

　　各調査漁船の実延歩建人員の合計人員数（調査票における⒞欄の数値）を合
計する。

⑸　賃金総額の総計

　　各調査漁船の賃金総額の合計額（調査票における⒟欄の数値）を合計する。

⑹　１歩建人員１実労働日あたり平均賃金額

　　⑸の賃金総額の総計を⑷の実延歩建人員の総計で除して算出する。

⑺　平均稼働率

　　⑶の実労働日数の総計を⑵の使用期間暦日数の総計で除して算出する。

⑻　職種別平均歩建数

　　各調査漁船の職種別歩建数の職種別合計数をそれぞれ当該職種のある調査漁
船の数で除して算出する。

⑼　職種別１実労働日あたり平均賃金額

(6)の1歩建人員1実労働日あたりの平均賃金額に(8)の職種別平均歩建数を乗じて算出する。

別添(1)及び(2)略

（昭39・4・20　基発第519号、昭57・4・1　基発第218号）

＜業務上疾病にかかった労働者の平均賃金の算定（離職後診断によって疾病の発生が確定した場合）＞

【業務上疾病にかかった労働者の平均賃金の算定】　労働者が業務上疾病の診断確定日に、既にその疾病の発生のおそれのある作業に従事した事業場を離職している場合の災害補償に係る平均賃金の算定については、従来、昭和27年8月19日付け基発第604号及び昭和45年5月14日付け基発第374号により取り扱つてきたところであるが、自今その取扱いを下記のとおり改め、これらの通達の該当部分を廃止するので、これが事務処理に万全を期されたい。

なお、粉じん職場を離職後発病したじん肺患者に対する休業補償及び年金の額の改定の取扱いに係る昭和43年12月23日付け基収第4482号記の設問(3)の部分及び昭和45年3月3日付け基発第140号通達は廃止する。ただし、現にこれらにより取り扱われているものについては、この限りではない。

記

1　労働者がその疾病の発生のおそれのある作業に従事した最後の事業場を離職した日（賃金の締切日がある場合は直前の賃金締切日をいう。以下同じ。）以前3カ月間に支払われた賃金により算定した金額を基礎とし、算定事由発生日（診断によつて疾病発生が確定した日をいう。以下同じ。）までの賃金水準の上昇を考慮して当該労働者の平均賃金を算定する。

2　前記1において、算定事由発生日までの賃金水準の上昇を考慮するときの算定方法は、離職した日以前3カ月間に支払われた賃金により算定した金額に次の各号の率を乗ずるものとする。

(1)　常時100人以上の労働者の使用する事業場の場合

　(イ)　離職の日以前3カ月間に同一事業場の同種労働者に対して所定労働時間労働した場合に支払われた通常の賃金（以下「所定内賃金」という。）の1カ月1人当たり平均額と算定事由発生日（当該事業場に賃金の締切日がある場合は診断によつて疾病発生が確定した日の直前の賃金締切日とする。(ロ)において同じ。）以前3カ月間の1カ月1人当たり平均額との変動率

　(ロ)　同種労働者がいない場合は、離職の日以前3カ月間における当該事業場の

全労働者に対して支払われた所定内賃金の１カ月１人当たり平均額と算定事由発生日以前３カ月間の１カ月１人当たり平均額との変動率

(ハ)　事業場が既に廃止されている場合は、労働省〔現：厚生労働省〕毎月勤労統計調査（以下「毎勤調査」という。）による産業ごとの離職の日が属する四半期の１カ月平均定期給与月額（別表参照）（別表略）と算定事由発生日が属する月の前々月の定期給与月額との変動率

なお、当該事業場の属する産業が毎勤調査に掲げる産業分類にない場合は、調査産業計によること。

(2)　常時100人未満の労働者を使用する事業場の場合

毎勤調査による産業ごとの離職の日が属する四半期の１カ月平均定期給与月額（別表参照）（別表略）と算定事由発生日が属する月の前々月の定期給与月額との変動率

なお、当該事業場の属する産業が毎勤調査に掲げる産業分類にない場合は、調査産業計によること。

（昭50・9・23　基発第556号、昭53・2・2　基発第57号）

【業務上疾病にかかった労働者の離職時の賃金額が不明な場合の平均賃金の算定】
労働者が業務上疾病の診断確定日に、既にその疾病の発生のおそれのある作業に従事した事業場を離職しており、その疾病の発生のおそれのある作業に従事した最後の事業場を離職している場合の平均賃金の算定については、昭和50年9月23日付け基発第556号により指示したところであるが、その離職した日（賃金の締切日がある場合は直前の賃金締切日をいう。以下同じ。）以前３カ月間に支払われた賃金の総額が不明な場合は、自今、算定事由発生日（診断によつて疾病発生が確定した日をいう。ただし、下記１又は２の事業場に賃金締切日がある場合においては、診断によつて疾病発生が確定した日の直前の賃金締切日とする。以下同じ。）を起算日とし、下記により推算した金額を基礎として平均賃金を算定されたい。なお、記の１以下５までの推算方法は、適当なものまで順次繰り下げて適用し、記の３以下５までの推算方法により推算した金額を基礎として平均賃金を算定する場合には、これらの推算方法により推算した金額を30.4で除して算定されたい。

記

1　平均賃金算定事由発生日に当該事業場で業務に従事した同種労働者の１人平均の賃金額より推算すること。

2　平均賃金算定事由発生日に当該事業場所在の地域又はその地域と生活水準若し

くは物価事情を同じくすると認められる他の地域における同種、同規模の事業場（事業場が多数ある場合は、適宜選定し、5以下の事業場に限定することができる。）において業務に従事した同種労働者1人平均の賃金額により推算すること。

3　当該労働者の職種が屋外労働者職種別賃金調査（以下「屋外職賃」という。）の建設業、港湾運送関係事業、陸上運送関係事業における調査対象職種に該当する場合には、建設業にあつては、最新の当該調査結果（全国計）における職種、企業規模及び年齢階級別きまつて支給する現金給与額（1人1日平均現金給与額に1人1月平均実労働日数を乗じて算出する。）に、当該事業場所在の都道府県別の賃金格差を考慮して得た金額、港湾運送関係事業及び陸上運送関係事業にあつては、最新の当該調査結果（全国計）における職種及び企業規模別きまつて支給する現金給与額（1人1日平均現金給与額に1人1月平均実労働日数を乗じて算出する。）に、当該事業場所在の都道府県別（港湾運送関係事業においては港湾別）及び年齢階級別の賃金格差を考慮して得た金額を基礎とし、これに労働省〔現：厚生労働省〕毎月勤労統計調査（以下「毎勤調査」という。）における当該屋外職賃の調査対象年月が属する四半期と算定事由発生日が属する月の前々月間の賃金水準の変動を考慮して推算すること。

4　当該労働者の職種が賃金構造基本統計調査（以下「賃金構造調査」という。）の調査対象職種に該当する場合においては、最新の当該調査結果（全国計）における職種、企業規模及び年齢階級別きまつて支給する現金給与額に当該事業場所在の都道府県別賃金格差を考慮して得た金額を基礎とし、これに毎勤調査における当該賃金構造調査の調査対象年月が属する四半期と算定事由発生日が属する月の前々月間の賃金水準の変動を考慮して推算すること。

5　賃金構造調査（全国計）における産業、企業規模、年齢階級及び生産と事務・管理・技術別きまつて支給する現金給与額に当該事業場所在の都道府県別賃金格差を考慮して得た金額を基礎とし、これに毎勤調査における当該賃金構造調査の調査対象年月が属する四半期と算定事由発生日が属する月の前々月間の賃金水準の変動を考慮して推算すること。

（昭51・2・14　基発第193号、昭53・2・2　基発第57号）

＊　「屋外労働者職種別賃金調査」は平成16年をもって終了しているため、平成17年以降に算定事由が発生した事案については、記の3ではなく記の4に基づいて推算することとなる。

【業務上疾病にかかった労働者の賃金額が不明である場合の平均賃金の算定において離職時の標準報酬月額が明らかである場合の取扱い】　労働者が業務上疾病の診断

確定日に、既にその疾病の発生のおそれのある作業に従事した事業場を離職しており、賃金台帳等使用者による支払賃金額の記録が確認できない事案において、標準報酬月額や賃金日額等が明らかである場合について、昭和50年9月23日付け基発第556号「離職後診断によって疾病の発生が確定した労働者に係る平均賃金の算定について」の取扱いは、下記のとおりであるので、了知されたい。

　なお、労働者が、下記に該当する資料を複数提出しており、いずれの資料を基に算定を行うべきか疑義が生じた場合は、当課企画・法規係あて照会されたい。

記

1　標準報酬月額について

　　申請者が、賃金額を証明する資料として、任意に、厚生年金保険等の被保険者記録照会回答票又はねんきん定期便を提出しており、当該資料から、労働者が業務上疾病の発生のおそれのある作業に従事した最後の事業場を離職した日（賃金の締切日がある場合は直前の賃金締切日という。）以前3か月間（以下「離職した日以前3か月間」という。）の標準報酬月額が明らかである場合は、当該標準報酬月額を基礎として、平均賃金を算定して差し支えないこと。

2　賃金日額等について

　⑴　申請者が、賃金額を証明する資料として、任意に、労働者が業務上疾病の発生のおそれのある作業に従事した最後の事業場を離職した際（以下「離職時」という。）の雇用保険受給資格者証を提出しており、当該資料から賃金日額が明らかである場合は、当該賃金日額を基礎として、平均賃金を算定して差し支えないこと。

　⑵　申請者が、賃金額を証明する資料として、任意に、離職時の雇用保険受給資格者証を提出しており、当該資料から、基本手当日額のみが明らかである場合は、当該基本手当日額の算定時の基本手当日額表における、当該基本手当日額が該当する等級に属する賃金日額の中間値（当該等級に属する賃金日額が一定額未満又は一定額以上とされている場合には当該一定額）を基礎として、平均賃金を算定して差し支えないこと。

　⑶　申請者が、賃金額を証明する資料として、任意に、離職時の失業保険受給資格者証を提出しており、当該資料から、失業保険金日額が明らかである場合には、⑵に準じた方法で、平均賃金を算定して差し支えないこと。

　⑷　なお、雇用保険被保険者離職票又は失業保険被保険者離職票は、使用者が自ら支払賃金額について記録した資料であるため、これらの資料から、離職した

日以前３か月間の全部又は一部の賃金額が明らかである場合には、当該賃金額を基礎として、平均賃金を算定すること。

3　賞与等について

　　1の場合において確認された標準報酬月額に、通貨以外のもので支払われた賃金であって、平均賃金の算定の基礎とされないものが含まれている場合又は、2の場合において確認された賃金日額若しくは賃金額（以下「賃金日額等」という。）に、臨時に支払われた賃金、3か月を超える期間ごとに支払われる賃金若しくは通貨以外のもので支払われた賃金であって平均賃金の算定の基礎とされないものが含まれている場合には、1及び2にかかわらず、当該標準報酬月額又は賃金日額等を平均賃金の算定の基礎とすべきでないこと。

　　ただし、臨時に支払われた賃金若しくは3か月を超える期間ごとに支払われた賃金の額又は通貨以外のもので支払われた賃金であって平均賃金の算定の基礎とされないものの評価額が明らかである場合には、これらの額を当該標準報酬月額又は賃金日額等から差し引いた額を基礎として、平均賃金を算定して差し支えないこと。

　　なお、標準報酬月額及び賃金日額に反映させる賃金の範囲については、別紙〔編注：略〕を参照のこと。

4　賃金台帳等の一部が存在している場合について

　　離職した日以前3か月間の一部についてのみ賃金台帳等使用者による支払賃金額の記録が存在している場合で、同時に、申請者が賃金額を証明する資料として、上記に該当する資料を任意に提出したことにより、当該労働者の標準報酬月額又は賃金日額が明らかである場合には、賃金額が賃金台帳等によっては確認できない期間について、当該標準報酬月額又は賃金日額を基礎として賃金額を算定した上で、平均賃金を算定して差し支えないこと。

5　申請者への教示について

　　賃金台帳等使用者による支払賃金額の記録がない申請者に対しては、上記取扱いを教示し、申請者が上記に該当する資料の提出を希望する場合には、資料の請求先となる行政機関などについて教示すること。

　　　（平22・4・12　基監発0412第1号、平25・2・22　基監発0222第1号）

【業務上疾病にかかった林業労働者の離職時の賃金額が不明である場合の平均賃金の算定】　業務上疾病の診断確定日において既に当該業務上疾病の発生のおそれのある作業に従事した事業場を離職しており、かつ、当該離職した日（賃金の締切日がある場合は、直前の締切日）以前3カ月間に支払われた賃金の総額が不明である労働者の災害補償に係る平均賃金の算定については、昭和51年2月14日付け基発第193号（以下「193号通達」という。）により通達したところであるが、林業労働者の災害補償に係る平均賃金が193号通達の記の1又は2に示す方法によつて算定し得ない場合の取扱いについては、自今、下記1及び2によることとしたので、これが事務処理に万全を期されたい。

記

1　当該林業労働者の職種が林業労働者職種別賃金調査報告（以下「林業職賃」という。）の調査対象職種に該当する場合は、最新の林業職賃における職種・地域及び通勤・山泊地区（当該労働者の就労形態（通勤又は山泊の別をいう。以下同じ。）が通勤である場合は当該労働者が通勤地区で就労していたものと、当該労働者の就労形態が山泊である場合は当該労働者が山泊地区で就労していたものと、それぞれみなす。）別1日平均きまつて支給する現金給与額に就労形態及び賃金形態（定額又は出来高の別をいう。以下同じ。）に応じた平均稼働率（その率が100分の60に満たないときは、100分の60とする。）を乗じ、かつ、賃金形態別の賃金格差及び年齢階級別の賃金格差を考慮して得た金額を基礎とし、これに労働省毎月勤労統計調査報告における当該林業職賃の調査対象年月に該当する四半期の1カ月平均定期給与月額と当該林業労働者に係る平均賃金の算定事由発生日（診断によつて業務上疾病の発生が確定した日をいう。）が属する月の前々月の定期給与月額との変動率を考慮して推算すること。

2　当該林業労働者の職種が最新の林業職賃の調査対象職種（以下「調査対象職種」という。）に該当しない場合は、当該地方における当該林業労働者の職種の賃金水準と当該地方における調査対象職種の賃金水準とを比較して、当該林業労働者の賃金水準に最も近いと認められる当該地方における調査対象職種を当該林業労働者の職種とみなし、また、当該林業労働者の職種の賃金水準に最も近いと認められる当該地方における適当な調査対象職種がない場合は、林業職種の職種計(2)を当該林業労働者の職種に該当するものとみなして、上記の1に準じて推算すること。

（昭53・2・2　基発第57号）

＊「林業労働者職種別賃金調査」は平成16年をもって終了している。

【昭和51年基発第193号に基づく掘削・発破工の平均賃金の算定】　業務上疾病にか
かった労働者の離職時の賃金額が不明な場合の平均賃金の算定については、昭和51
年基発第193号（以下「193号通達」という。）により指示しているところである。今
般、193号通達に基づく掘削・発破工の平均賃金の算定については、下記のとおり示
すこととするので、遺漏なきよう取り扱われたい。

記

1．193号通達記の4においては、平均賃金の算定の対象となる労働者の職種が賃金
　構造基本統計調査（以下「賃金構造調査」という。）の調査対象職種に該当する場
　合は、算定事由発生日に最新の賃金構造調査の職種、企業規模及び年齢階級別き
　まって支給する現金給与額の数値を用いることとされている。

　　掘削・発破工については、賃金構造調査の対象職種であるものの、賃金構造調
　査において同職種の集計が始まった平成17年から現在に至るまで賃金構造基本統
　計調査報告（以下「報告書」という。）の該当巻該当表（職種毎に企業規模別及び
　年齢階級別にきまって支給する現金給与額の集計を行った表のことをいう。平成
　22年の報告書の場合は第3巻第5表）に掲載されていない。

　　この場合、以下により掘削・発破工の職種、企業規模別及び年齢階級別きまっ
　て支給する現金給与額の数値を把握し、記の4により推算されたい。

　⑴　平成17年から平成20年までの掘削・発破工の職種、企業規模及び年齢階級別
　　きまって支給する現金給与額の数値については、本省統計情報部に照会するこ
　　とで該当表を入手の上、把握する。

　⑵　平成21年以降の数値については、賃金構造調査のウェブサイト（※1）上の該
　　当表を参照することで把握する。

　　　（※1）http:www.e-stat.go.jp/SG1/estat/NewList.do?tid=000001011429
　　　　　平成23年は、一般労働者＞職種＞表番号2「職種・性、年齢階級別きまって支給する
　　　　現金給与額、所定内給与額及び年間賞与その他特別給与額」を参照されたい。

2．記の4に基づく掘削・発破工の平均賃金の推算に当たっては、併せて以下の事
　項にも留意されたい。

　⑴　記の4に基づいて労働者の平均賃金を推算するに先立ち、記の1及び記の2
　　による推算の余地がないかを十分に調査、検討すること。このとき、特に記の
　　2については、電話調査、郵送調査及び事業場への訪問調査等により、対象労
　　働者の捕捉に努めること。

　⑵　屋外労働者職種別賃金調査は平成16年を以て終了していることから、平成17
　　年の賃金構造調査の公表以降に算定事由が発生した事案については、記の3で

はなく記の4に基づいて推算するよう徹底すること。

3、4　略　　　　　　　　　　　　　（平24・3・30　基監発0330第2号）

＜試用期間を経て本採用後に算定事由が発生した場合＞

【試の使用期間を経て本採用された後に平均賃金の算定事由が発生した場合であって、労働基準法第12条第1項から第3項によれば算定期間がすべて試の使用期間に当たる場合の平均賃金の算定】

問　標記について、当局管内において左記の如き事案が発生し、これが平均賃金の算定に当たつていささか疑義があるので、いかが取り扱うべきか。

記

1　事案について

(1)　事案の概要

　株式会社A所属労働者Bは、昭和63年9月26日に当該事業場に採用され、当該事業場の内規により同年12月20日までは、試用期間として勤務し、同年12月21日より本採用となつた。本採用後の平成元年1月14日に業務上負傷し、平均賃金算定事由が発生したものである。

　なお、事案の詳細については、別紙のとおりである。

63・9・26	63・10・20	63・11・20	63・12・20	63・12・21	元・1・14
雇入日	賃金締切日	賃金締切日	直前の賃金締切日	本採用日	負傷した日

(2)　賃金支払の状況

　被災労働者の賃金支払の状況は次〔編注：次頁の表〕のとおりである。

　なお、賃金締切日は毎月20日であるが、昭和63年9月26日から同年10月20日まで及び同年12月21日から平成元年1月13日までの間については、1箇月に満たない期間であるが、1箇月分全額の賃金が支給されている。

2　平均賃金の算定について

(1)　算定に当たつての疑義

　平均賃金を算定するについて労働基準法（以下「法」という。）第12条第1項及び第2項によれば、算定事由発生日の直前の賃金締切日である昭和63年12

		試 用 期 間			本 採 用
		10月分	11月分	12月分	1月分
算 定 期 間		9月26日 ↓ 10月20日	10月21日 ↓ 11月20日	11月21日 ↓ 12月20日	12月21日 ↓ 1月13日
日数	総 日 数	25日	31日	30日	24日
	労 働 日 数	20日	23日	24日	19日
賃 金	基 本 給	170,000円	170,000円	170,000円	205,000円
	勤 務 手 当	20,000円	20,000円	20,000円	20,000円
	調 整 手 当	55,000円	55,000円	55,000円	55,000円
	精皆勤手当	5,000円	5,000円	5,000円	5,000円
	家 族 手 当	———	———	———	10,000円
	計	250,000円	250,000円	250,000円	295,000円

月20日から遡つて3箇月間に支払われた賃金の総額をその間の総日数で除すこととなるが、当該期間はすべて試用期間であることから、同条第3項によりこの期間及びこの日数はすべて控除されるべきものとなり、計算の基礎となるべき期間及び賃金がないこととなる。

　したがつて、この場合は法第12条第8項に基づく平均賃金の決定がなされる必要があると考えるが、この算定については次のような方法が考えられる。

イ　試用期間中に算定事由の発生した場合に関する労働基準法施行規則（以下「則」という。）第3条を準用して、試用期間中の日数及び賃金を法第12条第1項及び第2項の期間及び賃金の総額に算入することとし、結局試用期間中の日数及び賃金により平均賃金を算定する。

　なお、一賃金締切期間に満たない期間の就労に対して月によつて定められた賃金が減額されずに支払われていることについては、昭和57年5月14日付け基収第93号により、当該期間の日数を30日とみなして計算する。

$$\frac{250,000円 + 250,000円 + 250,000円}{30日 + 31日 + 30日} = 8,214円75銭$$

ロ　直前の賃金締切日から遡る3箇月の期間をとると、その期間が業務上の負傷による休業期間、自己都合による休業期間及び年次有給休暇の期間である場合に関する昭和26年11月1日付け基収3642号並びにその期間が業務上の負傷による休業期間及び自己都合による休業期間である場合に関する昭和26

年12月27日付け基収第4526号を準用して、本採用以降の賃金及び日数について法第12条第1項の方法を用いて算定する。算定に当たつては、昭和45年5月14日付け基発第375号の方法により、当該期間の日数を30日とみなして計算する。

$$\frac{295,000 円}{30 日} = 9,833 円 33 銭$$

(2)　当局の見解

　　法第12条第3項が平均賃金の算定の基礎からその期間及び賃金を除くこととしているのは、当該期間中の賃金が通常の賃金より低い場合が少なくないため、これを算入すると平均賃金が不当に低くなるおそれがあるためであると考えられる。

　　してみると、いまだ本採用に至らないときに算定事由が発生した場合に則第3条により試用期間中の期間及び賃金により計算を行うことは格別、本事案のように本採用に至つている場合には、本採用時の賃金により通常の賃金を計算することが妥当であると考える。

　　したがつて口案によるべきものと考えられる。

　　（別紙略）

答　設問の場合のように、試の使用期間を経て本採用された後に平均賃金の算定事由が発生した場合であつて、労働基準法（以下「法」という。）第12条第1項から第3項によれば算定期間がすべて試の使用期間に当たるため平均賃金の算定をなし得ない場合には、昭和24年労働省告示第5号第2条によるものとして、その算定方法としては、本採用日以降の賃金及び日数について法第12条第1項の方法を用いること。

　なお、この場合に一賃金締切期間に満たない期間の就労に対して月によつて定められた賃金が減額されることなく支払われているときは、昭和45年5月14日付け基発第375号の記の2の方法により平均賃金を算定すること。

（平2・7・4　基収第448号）

＜算定期間中に組合専従期間等がある場合＞

【平均賃金算定と賃金締切日】

問　9月15日組合事務専従より会社に復帰した者について、10月13日に平均賃金を算定すべき事由が発生した場合には、直前の賃金締切日（9月30日）より遡つて計

算すべきか。

答　設問の平均賃金の算定に当つては、昭和24年労働省告示第5号第2条によるが、その算定方法としては、復帰以降の賃金及び日数について法第12条第1項の方法を用いられたい。　　　（昭25・12・28　基収第3450号、昭33・2・13　基発第90号）

【組合専従者の平均賃金算定方法】

問　組合専従者を解雇しようとする場合、当該専従者が専従となつて3カ月以上を経過しているときの平均賃金の算定は

(1)　組合より支給を受けている賃金の総額によるべきか。

(2)　専従者となる直前において、会社より支給を受けていた賃金の総額によるべきか。

(3)　専従者となるまで従事していた同種の労働者の賃金によるべきか。

　　以上何れにもよらないものとすれば、如何なる基準により計算すべきものか、又組合専従者となつて1カ月あるいは2カ月経過している場合は如何にすべきか。

答　設問の場合の平均賃金の算定は、法第12条第8項の規定に基く昭和24年4月労働省告示第5号の規定によつて取扱われたい。

　なお、この場合の平均賃金の算定については同年4月11日付基発第421号通牒の(二)の(1)を参照されたい。　　　　　　　　　　　　（昭24・8・19　基収第1351号）

【組合専従者が復帰した場合の平均賃金】

問　昨年12月24日組合専従を辞任し翌25日から原職（会社本来の業務の意）に復帰して本年3月23日公傷入院し、今度災害補償を請求することになつたが、左のような場合如何にして平均賃金を算定するか。

　なお左の案（(イ)又は(ロ)）の如きは如何。賃金締切日は月末とする。

記

月　　別	賃金額（円）	備　　　考
12月	11,942	上記賃金の中自12月1日至12月24日9,769円は組合支払分、自12月25日至12月31日2,173円は会社支払分
1月	9,585	全額会社支払
2月	8,479	同　右
計	30,006	

案

㈠　３カ月の総日数で総賃金を割る、即ち30,006円を90で除し333円40銭を得る。

㈡　原職復帰の25日から２月末日までの日数でその期間の賃金を割る。即ち20,237円を66で除し、306円62銭を得る。

答　設問の場合は、昭和24年告示第５号第２条によるが、その算定方法としては、復帰後の賃金及び日数について、法第12条第１項の方法を用いられたい。

（昭25・1・18　基収第129号）

【組合専従期間中の平均賃金算定】

問　平均賃金算定期間が全部組合専従期間であつた場合及び算定期間中の当初に一部専従期間があつて、その満了後原職に復帰した場合については、夫々昭和24年８月19日付基収第1351号及び昭和25年１月18日付基収第129号によるが、左記⑶の場合は、法第12条第３項を準用し、専従期間中の賃金及び日数を控除したものにより算定してよいか。

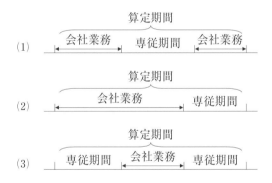

答　設問の場合の平均賃金の算定は昭和24年告示第５号第２条によるが、見解の如き方式をとることは差支えない。　　　　（昭25・5・19　基収第621号）

【非専従組合員が臨時に組合用務に就いた期間中の平均賃金算定上の取り扱い】

問　組合専従者にあらざる組合員が、別紙の如き労働協約の規定に従つて臨時に組合用務に就いた期間中の平均賃金算定上の取扱いは、組合専従者に準ずるものとして昭和25年５月19日基収第621号と同様に取扱われているものと考えて差支えないか。

（別紙）○○炭鉱労働協約（抜粋）

第○条　組合は組合専従者以外の組合員を組合活動の為出張又は組合用務に従事さ

せる場合は事前に鉱業所の了解をもとめる。

　前項の組合員の取扱いは組合専従者に準ずる。

答　設例の場合の如く、労働協約の明文に基づいて組合事務に専従する場合の平均賃金算定については貴見の通り取扱つて差支えない。(昭26・8・18　基収第3783号)

【平均賃金算定期間中の争議行為期間の取り扱い】

問　平均賃金の算定に当つては労働争議により罷業した期間並びにその期間中に支払われた賃金は、法第12条第3項に準じて、これを平均賃金の算定の期間及び賃金の総額より控除するように取扱つて差支えないか。

答　設問の場合は、自今当分の間昭和23年6月28日付基収第1446号にかかわらず、昭和24年労働省告示第5号第2条の規定に基き、労働争議により正当に罷業若しくは怠業し又は正当な作業所閉鎖のため休業した期間並びにその期間の賃金は、平均賃金の算定期間並びに賃金の総額から控除するものとして取扱われたい。

(昭29・3・31　28基収第4240号)

＜その他＞

【平均賃金算定期間中の育児休業の取り扱い】

　法第12条に規定する平均賃金の算定期間中に、育児休業法第2条第1項〔現行：育児・介護休業法第2条第1号〕に規定する育児休業以外の育児休業の期間がある場合においては、昭和24年労働省告示第5号第2条の規定に基づき、平均賃金の算定において、その日数及びその期間中の賃金は、基礎となる期間及び賃金の総額から控除するものとすること。　　　　　　　　　　(平3・12・20　基発第712号)

④日雇労働者の平均賃金

【昭和38年労働省告示第52号（日日雇い入れられる者の平均賃金を定める告示）の運用】

日日雇い入れられる者（以下「日雇労働者」という。）の平均賃金は、労働基準法第12条第7項の規定に基づく昭和22年労働省告示第1号（以下「旧告示第1号」という。）及び昭和37年労働省告示第23号（以下「旧告示第23号」という。）によることとされてきたが、今般昭和38年労働省告示第52号（以下「新告示」という。）が定められ、10月11日の官報で公布された。新告示は、昭和38年11月1日から適用されることとなつているので、下記に留意のうえ、その運用に遺憾なきを期されたい。

記

1　新告示の第1号から第3号までの規定は、旧告示第1号の規定による算定方法に若干の修正を加えたものであり、第4号は、旧告示第23号に代り、一定の事業又は職業については、都道府県労働基準局長があらかじめ一定金額の平均賃金を定めることができることを規定したものであること。

2　新告示の第1号から第3号までの規定による算定方法について

⑴　第1号及び第2号の規定による算定方法は、それぞれ当該日雇労働者又は同種日雇労働者の当該事業場における実労働日当り賃金額を算定し、その100分の73を平均賃金とするものであるから、算定理由発生日以前1箇月間における当該日雇労働者又は同種日雇労働者の当該事業場における実労働日数の多少は問わないものであり、また、これらの者の実際の稼働率は考慮せず一律100分の73を乗ずるものであること。

⑵　第3号の「前2号の規定により算定し得ない場合」に該当する場合には、次によること。

　　㋑　当該日雇労働者の算定理由発生日の賃金があらかじめ一定の日額で定められている場合には、その金額の100分の73とし、その他の場合には、当該日雇労働者の算定理由発生日の実績から通常の労働日の賃金額を推算し、その100分の73とすること。

　　㋺　㋑により算定し得ない場合には、算定理由発生日に当該事業場において同一業務に従事した日雇労働者の1人平均の賃金額の100分の73とすること。

　　㋩　㋑及び㋺により算定し得ない場合には当該地域における同種の日雇労働者の賃金額から新告示第2号の規定又は上記㋺の算定方法に準じて推算した実労働日当り賃金額の100分の73とすること。

⑶　新告示第1号又は第2号の規定により算定した場合において、実労働日当り賃金額が短時間就労、長時間残業その他通常の労働と著しく異なる労働に対する賃金額であるため、その金額の100分の73を平均賃金とすると著しく不適当なものとなるときは、これを第3号の「前2号の規定により算定し得ない場合」に該当するものとして第3号の規定に基づき、実労働日当り賃金額を過去の当該事業場の労働時間数等を勘案して通常の労働に対する賃金額に修正して算定すること。なお、上記⑵の㋑及び㋺の算定方法についても同様に取り扱うこと。

⑷　第3号の「当該日雇労働者若しくは当該使用者が前2号の規定により算定することを不適当と認め申請した場合」には、次によること。

　　㋑　算定理由発生日以前1箇月以上3箇月以下の期間について当該日雇労働者

に支払われた賃金（当該事業場以外の事業場において同一又は類似の業務に従事した場合に支払われた賃金を含む。）の額が申請者の提出した資料等によつて明らかであるときは、その賃金の総額をその期間の総日数で除した金額とすること。

(ロ) (イ)以外の場合には、新告示第1号又は第2号に規定する算定方法により算定するが、上記(3)に該当すると認められる場合は、その算定方法によること。

3　新告示第4号の規定について

(1)　第4号は、旧告示第23号に代わり、一定の事業又は職業について一定額の平均賃金を定めることができることを規定したものであるが、旧告示第23号は、一般職種別賃金制度と同様実情に即さない面があるために廃止されるものであるから、新告示第4号によつて平均賃金を定める事業又は職業は、一定額の平均賃金を定めることが特に必要であつて、かつ、実情に即した平均賃金を定めることができるものに限ること。

(2)　都道府県労働基準局長は、一定の事業又は職業について一定額の平均賃金を定める必要があると認めるときは、あらかじめ労働省労働基準局長の承認を受けること。

(3)　(2)の事業又は職業に係る平均賃金の金額については、各局において金額を算定し、労働省労働基準局長の承認を受けること。

(4)　都道府県労働基準局長は、一定の事業又は職業について平均賃金を定めた場合には、その金額を都道府県労働基準局及び管内労働基準監督署の掲示場に掲示すること。

また、この場合、すみやかに労働省労働基準局長に報告すること。

4　新告示の適用の始期について

(1)　新告示は、昭和38年11月1日以後に算定理由が発生した事案に適用されるものであること。

(2)　昭和38年10月31日以前に算定理由が発生した事案については、旧告示第1号又は旧告示第23号によること。

5　行政不服審査法との関係について

(1)　新告示第3号の規定に基づく平均賃金の決定と行政不服審査法との関係については、昭和37年9月29日基発第1021号「行政不服審査法、行政事件訴訟法等の施行に関する事務処理について」通達を参照されたいこと。

(2)　(1)に掲げる通達の（参考）イの表（労働基準法関係）イ②中「昭和22年労働省告示第1号第3号」とあるのは、新告示の施行後は、「昭和38年労働省告示

第52号第3号」に改めること。　　　　　　（昭38・10・25　基発第1282号）

⑤給付基礎日額の算定

【振動業務以外の業務に従事することになった後に振動障害が発生した者への給付基礎日額の算定】　振動障害にかかった者に係る給付基礎日額については、他の疾病における場合と同様、診断によってその発生が確定した日（以下「診断確定日」という。）を平均賃金を算定すべき事由が発生した日として算定することとしているところであるが、振動業務以外の業務に常時従事することとなった後に振動障害の発生が確定した者にあっては、振動業務に従事していた当時と比べてその後の賃金が低下して平均賃金に相当する額も低額なものとなる場合があるので、振動業務に従事していた当時の賃金を基礎として給付基礎日額を算定する必要があることに鑑み、労働者災害補償保険法施行規則（昭和30年労働省令第22号。以下、「労災則」という。）第9条第4号〔現行：則第9条第1項第3号〕の規定に基づき、下記第1のとおり給付基礎日額の算定の特例を設け、昭和57年4月1日以降に診断により振動障害の発生が確定したものから適用することとしたので、下記第2に留意のうえ、これが事務処理に遺漏なきを期されたい。

記

第1　特例の内容

　　振動障害にかかったことにより保険給付を受けることとなった労働者の平均賃金に相当する額が、振動業務以外の業務に常時従事することとなった日を平均賃金を算定すべき事由の発生した日とみなして算定することとした場合における平均賃金に相当する額に満たない場合には、その算定することとした場合における平均賃金に相当する額を給付基礎日額とする。

第2　運用上の留意事項

一　上記第1の取扱いは、労災則第9条第3号〔現行：則第9条第1項第2号〕に規定するじん肺に係る取扱いの例にならったものであること。

二　作業転換の契機は、特に限定しないものであること。

三　作業転換とは、例えば掘進夫から事務職に転換した場合、伐採夫から製材工に転換した場合等、振動業務に従事しなくなったことが明確に判別できるものに限ること。したがって、仮りに診断確定日の直前に振動業務に従事しなかった期間があったとしても、なお振動業務に従事することが予定されている間は、作業転換があったとは認められない。　　　　　（昭57・4・1　基発第219号）

【船員法第1条に規定する船員として船舶所有者に使用される者に係る給付基礎日額の算定の特例について】

　雇用保険法等の一部を改正する法律の一部の施行に伴う厚生労働省関係省令の整備に関する省令（平成21年厚生労働省令第168号）による改正後の労働者災害補償保険法施行規則（昭和30年労働省令第22号。以下「労災則」という。）第9条第1項第3号及び第4号の規定に基づき下記1のとおり、給付基礎日額の算定の特例を設け、平成22年1月1日から適用することとしたので、下記2に留意の上、事務処理に遺漏なきを期されたい。

記

1　特例の内容

　次のいずれかに該当する場合には、労働基準法（昭和22年法律第49号）第12条第1項から第6項までの規定に定める方式により、平均賃金を算定すべき事由の発生した日以前1年間について算定することとした場合における平均賃金に相当する額を給付基礎日額とする。

①　1年を通じて船員法第1条に規定する船員として船舶所有者（船員保険法（昭和14年法律第73号）第3条に規定する場合にあっては、同条の規定により船舶所有者とされる者。以下同じ。）に使用される者について、基本となるべき固定給の額が乗船中において乗船本給として増加する等により変動がある賃金が定められる場合　　　　　　　　　　　　　　　（労災則第9条第1項第3号）

②　1年を通じて船員法第1条に規定する船員として船舶所有者に使用される者について、基本となるべき固定給が下船することによりてい減する賃金を受ける場合及び基本となるべき固定給が乗下船にかかわらず一定であり、乗船することにより変動する諸手当を受ける場合　　　　　（労災則第9条第1項第4号）

2　運用上の留意点等

⑴　上記1の特例は、船員の賃金が乗船中と下船時で大きく変動する実態にあることを踏まえ、定めるものであること。

⑵　上記1の取扱いは、契約上1年を通じて船員法第1条に規定する船員として船舶所有者に使用される者に限られるため、1年未満の期間を定める契約に基づいて使用される者の給付基礎日額の算定方法は、通常の労働者の場合と同様であること。

⑶　上記1に該当する者については、平均賃金を算定すべき事由の発生した日以前1年間について算定することとしているが、雇入れ後1年に満たない者につ

いては、雇入れ後の期間について算定するものであること。

(4)　船員法第1条に規定する船員として船舶所有者に使用される者のうち、上記1の①又は②のいずれにも該当しない者の給付基礎日額の算定方法は、通常の労働者の場合と同様であること。

　　なお、船員法第1条に規定する船員であって漁船に乗り組む者のうち、請負給制（定額給制のものでも相当額の歩合給が併給されているものを含む。）によって使用される者については、「請負給制によって使用される漁業及び林業労働者の平均賃金」（昭和39年4月20日基発第519号）の記の1及び2を準用することとなるので、特に留意されたいこと。

（平21・12・28　基発1228第2号）

⑥複数労働事業者に係る給付基礎日額 ━━━━━━━━

【特別加入者に係る給付基礎日額の算定】〈抄〉

本書籍の**136**ページに掲載されています。

（令2・8・21　基発0821第2号）

【複数事業労働者の休業（補償）等給付に係る部分算定日等の取扱いについて】〈抄〉

〈複数事業労働者に係る休業（補償）等給付の支給要件〉

「労働することができない」（労災保険法第14条第1項本文）の要件

　「労働することができない」とは、必ずしも負傷直前と同一の労働ができないという意味ではなく、一般的に働けないことをいう。したがって、軽作業に就くことによって症状の悪化が認められない場合、あるいはその作業に実際に就労した場合には、給付の対象とはならない。

　このため、複数事業労働者については、複数就業先における全ての事業場における就労状況等を踏まえて、休業（補償）等給付に係る支給の要否を判断する必要がある。例えば、複数事業労働者が、現に一の事業場において労働者として就労した場合には、原則、「労働することができない」とは認められないことから、下記の「賃金を受けない日」に該当するかの検討を行う必要はなく、休業（補償）等給付に係る保険給付については不支給決定となる。

　ただし、複数事業労働者が、現に一の事業場において労働者として就労しているものの、他方の事業場において通院等のため、所定労働時間の全部又は一部について労働することができない場合には、労災法第14条第1項本文の「労働することが

できない」に該当すると認められることがある。

「賃金を受けない日」（労災保険法第14条第1項本文）の要件

　複数事業労働者については、複数の就業先のうち、一部の事業場において、年次有給休暇等により当該事業場における平均賃金相当額（複数事業労働者を使用する事業ごとに算定した平均賃金に相当する額をいう。以下同じ。）の60%以上の賃金を受けることにより賃金を受けない日に該当しない状態でありながら、他の事業場において、傷病等により無給での休業をしているため、賃金を受けない日に該当する状態があり得る。

　したがって、複数事業労働者の休業（補償）等給付に係る「賃金を受けない日」の判断については、まず複数就業先における事業場ごとに行うこと。

　その結果、一部の事業場でも賃金を受けない日に該当する場合には、当該日は労災法第14条第1項の「賃金を受けない日」に該当するものとして取り扱うこと。

　一方、全ての事業場において賃金を受けない日に該当しない場合は、当該日は労災法第14条第1項の「賃金を受けない日」に該当せず、保険給付を行わないこと。

〈部分算定日における休業（補償）等給付の額〉

　一部の事業場で賃金を受けない日に該当し、一部の事業場で賃金を受けない日に該当しない場合又は全ての事業場で賃金を受けない日に該当しているものの、平均賃金相当額の60%未満の賃金を受けている場合の保険給付額は、下記ア又はイに基づき給付基礎日額から実際に支払われる賃金（平均賃金相当額を上限とする。）を控除した額をもとに保険給付を行うこと。

ア　「賃金が支払われる休暇」（労災保険法第14条第1項但書き）に係る保険給付額

　「賃金を受けない日」に該当すると判断される場合であって、一部賃金が年次有給休暇等により支払われる場合は、部分算定日に係る労災法第14条第1項但書きの規定に基づき、給付基礎日額から実際に支払われた賃金（平均賃金相当額を上限とする。）を控除した金額をもとに、当該日についての保険給付を行うこと。

　その際、当該複数事業労働者を使用する事業ごとに算定した給付基礎日額に相当する額を合算した額を給付基礎日額とした場合のほか、当該額が適当でないと認められ、令和2年8月21日付け基発0821第2号「複数事業労働者に係る給付基礎日額の算定について」記第1の3(2)又は(3)に基づき算定した額を給付基礎日額とした場合についても、給付基礎日額から実際に支払われた賃金（平均賃金相当額を上限とする。）を控除すること。

〈編注〉　前記通達の第1の3⑵は「最低保障の適用を受ける場合等の平均賃金
　　　　　が高額となる場合等」、同⑶は「日雇特例の適用を受ける場合の平均賃金
　　　　　が高額となる場合」である（本書籍132〜133ページ参照）。

イ　「所定労働時間のうちその一部分についてのみ労働する日」（労災保険法第14条第1項但書き）に係る保険給付額

　　所定労働時間とは、就業規則や労働契約等において、労働者が契約上、労働すべき時間として定められた時間を指すため、「所定労働時間のうちその一部分についてのみ労働する日」に該当するかについても、複数の就業先における事業場ごとに判断すること。「所定労働時間の一部分についてのみ労働する日」に該当する場合は、部分算定日に係る労災法第14条第1項但書きの規定に基づき、給付基礎日額から実際に支払われた賃金（平均賃金相当額を上限とする。）を控除した金額をもとに、当該日についての保険給付を行うこと。

　　なお、一部の事業場において所定労働時間のうちその全部を労働し、他の事業場において通院等で労働することができず、所定労働時間のうちその全部について休業している場合もあり得るところ、この場合も「所定労働時間のうちその一部分についてのみ労働する日」に準じて取り扱うこと。

　　（令3・3・18　基管発0318第1号、基補発0318第6号、基保発0318第1号）

労災年金給付等に係る給付基礎日額の年齢階層別最低限度額及び最高限度額

[令和4年8月1日～令和5年7月31日までの期間に支給される労災年金給付等に係るもの]

年齢階層	最低限度額	最高限度額
20歳未満	5,154円	13,177円
20歳以上25歳未満	5,678円	13,177円
25歳以上30歳未満	6,180円	14,377円
30歳以上35歳未満	6,559円	17,028円
35歳以上40歳未満	6,766円	19,412円
40歳以上45歳未満	7,123円	21,209円
45歳以上50歳未満	7,195円	22,392円
50歳以上55歳未満	7,093円	24,568円
55歳以上60歳未満	6,683円	24,806円
60歳以上65歳未満	5,638円	21,196円
65歳以上70歳未満	3,970円	15,791円
70歳以上	3,970円	13,177円

（令4.7.29　厚生労働省告示第240号）

労災年金給付等に係る給付基礎日額のスライド率

（労災保険法第８条の３第１項第２号の規定に基づく年金給付基礎日額の算定に用いる率）

［令和４年８月１日〜令和５年７月31日までの期間に支給される労災年金給付等に係るもの］

（単位：％）

算定事由発生日の属する期間	年金給付基礎日額の算定に用いる率
昭和22年９月１日から昭和23年３月31日まで	20,602.0
昭和23年４月１日から昭和24年３月31日まで	7,491.9
昭和24年４月１日から昭和25年３月31日まで	4,153.9
昭和25年４月１日から昭和26年３月31日まで	3,585.2
昭和26年４月１日から昭和27年３月31日まで	2,931.3
昭和27年４月１日から昭和28年３月31日まで	2,528.6
昭和28年４月１日から昭和29年３月31日まで	2,226.9
昭和29年４月１日から昭和30年３月31日まで	2,101.7
昭和30年４月１日から昭和31年３月31日まで	2,010.3
昭和31年４月１日から昭和32年３月31日まで	1,896.3
昭和32年４月１日から昭和33年３月31日まで	1,830.3
昭和33年４月１日から昭和34年３月31日まで	1,803.6
昭和34年４月１日から昭和35年３月31日まで	1,694.2
昭和35年４月１日から昭和36年３月31日まで	1,594.3
昭和36年４月１日から昭和37年３月31日まで	1,425.9
昭和37年４月１日から昭和38年３月31日まで	1,282.7
昭和38年４月１日から昭和39年３月31日まで	1,156.5
昭和39年４月１日から昭和40年３月31日まで	1,043.9
昭和40年４月１日から昭和41年３月31日まで	955.2
昭和41年４月１日から昭和42年３月31日まで	866.9
昭和42年４月１日から昭和43年３月31日まで	780.5
昭和43年４月１日から昭和44年３月31日まで	691.0
昭和44年４月１日から昭和45年３月31日まで	604.3
昭和45年４月１日から昭和46年３月31日まで	519.4
昭和46年４月１日から昭和47年３月31日まで	455.4
昭和47年４月１日から昭和48年３月31日まで	394.2
昭和48年４月１日から昭和49年３月31日まで	331.8
昭和49年４月１日から昭和50年３月31日まで	266.9
昭和50年４月１日から昭和51年３月31日まで	227.2
昭和51年４月１日から昭和52年３月31日まで	204.3
昭和52年４月１日から昭和53年３月31日まで	186.6
昭和53年４月１日から昭和54年３月31日まで	176.8
昭和54年４月１日から昭和55年３月31日まで	166.4
昭和55年４月１日から昭和56年３月31日まで	157.6
昭和56年４月１日から昭和57年３月31日まで	150.4

算定事由発生日の属する期間	年金給付基礎日額の算定に用いる率
昭和57年４月１日から昭和58年３月31日まで	143.3
昭和58年４月１日から昭和59年３月31日まで	139.6
昭和59年４月１日から昭和60年３月31日まで	135.1
昭和60年４月１日から昭和61年３月31日まで	130.7
昭和61年４月１日から昭和62年３月31日まで	127.6
昭和62年４月１日から昭和63年３月31日まで	124.7
昭和63年４月１日から平成元年３月31日まで	120.4
平成元年４月１日から平成２年３月31日まで	117.0
平成２年４月１日から平成３年３月31日まで	113.7
平成３年４月１日から平成４年３月31日まで	109.3
平成４年４月１日から平成５年３月31日まで	107.1
平成５年４月１日から平成６年３月31日まで	105.6
平成６年４月１日から平成７年３月31日まで	103.4
平成７年４月１日から平成８年３月31日まで	101.9
平成８年４月１日から平成９年３月31日まで	100.5
平成９年４月１日から平成10年３月31日まで	99.5
平成10年４月１日から平成11年３月31日まで	99.9
平成11年４月１日から平成12年３月31日まで	99.5
平成12年４月１日から平成13年３月31日まで	99.0
平成13年４月１日から平成14年３月31日まで	99.9
平成14年４月１日から平成15年３月31日まで	100.8
平成15年４月１日から平成16年３月31日まで	100.6
平成16年４月１日から平成17年３月31日まで	100.4
平成17年４月１日から平成18年３月31日まで	100.0
平成18年４月１日から平成19年３月31日まで	100.2
平成19年４月１日から平成20年３月31日まで	100.1
平成20年４月１日から平成21年３月31日まで	100.4
平成21年４月１日から平成22年３月31日まで	101.8
平成22年４月１日から平成23年３月31日まで	101.5
平成23年４月１日から平成24年３月31日まで	101.8
平成24年４月１日から平成25年３月31日まで	102.4
平成25年４月１日から平成26年３月31日まで	102.4
平成26年４月１日から平成27年３月31日まで	101.9
平成27年４月１日から平成28年３月31日まで	101.4
平成28年４月１日から平成29年３月31日まで	101.2
平成29年４月１日から平成30年３月31日まで	100.6
平成30年４月１日から平成31年３月31日まで	100.1
平成31年４月１日から令和２年３月31日まで	100.0
令和２年４月１日から令和３年３月31日まで	100.8

（令4.7.29　厚生労働省告示第242号）

遺族（補償）一時金等の額の算定に用いる換算率

（労災保険法第16条の6第2項（同法第22条の4第3項において準用する場合を含む。）並びに同施行規則附則第17項及び第18項（これらの規定を同令附則第36項において準用する場合を含む。）並びに同令附則第32項（同令附則第43項において準用する場合を含む。）の規定に基づき、遺族（補償）一時金又は障害（補償）年金差額一時金の額の算定に関し、支給された遺族（補償）年金、遺族（補償）年金前払一時金又は障害（補償）年金、障害（補償）年金前払一時金の額に乗ずべき率）

[令和4年8月1日〜令和5年7月31日までの期間に支給される遺族（補償）一時金等に係るもの]

支給済の年金の支給対象月又は支給済前払一時金の支給すべき事由が生じた月の属する期間	支給された保険給付に乗ずべき率（単位：％）
S 50 年 4 月 1 日 〜 51 年 3 月 31 日	227.2
51 年 4 月 1 日 〜 52 年 3 月 31 日	204.2
52 年 4 月 1 日 〜 53 年 3 月 31 日	186.6
53 年 4 月 1 日 〜 54 年 3 月 31 日	176.7
54 年 4 月 1 日 〜 55 年 3 月 31 日	166.4
55 年 4 月 1 日 〜 56 年 3 月 31 日	157.5
56 年 4 月 1 日 〜 57 年 3 月 31 日	150.3
57 年 4 月 1 日 〜 58 年 3 月 31 日	143.2
58 年 4 月 1 日 〜 59 年 3 月 31 日	139.5
59 年 4 月 1 日 〜 60 年 3 月 31 日	135.0
60 年 4 月 1 日 〜 61 年 3 月 31 日	130.7
61 年 4 月 1 日 〜 62 年 3 月 31 日	127.6
62 年 4 月 1 日 〜 63 年 3 月 31 日	124.7
63 年 4 月 1 日 〜 元 年 3 月 31 日	120.4
H 元 年 4 月 1 日 〜 2 年 3 月 31 日	117.0
2 年 4 月 1 日 〜 2 年 7 月 31 日	113.7
2 年 8 月 1 日 〜 3 年 7 月 31 日	117.0
3 年 8 月 1 日 〜 4 年 7 月 31 日	113.7
4 年 8 月 1 日 〜 5 年 7 月 31 日	109.3
5 年 8 月 1 日 〜 6 年 7 月 31 日	107.1
6 年 8 月 1 日 〜 7 年 7 月 31 日	105.6
7 年 8 月 1 日 〜 8 年 7 月 31 日	103.3
8 年 8 月 1 日 〜 9 年 7 月 31 日	101.9
9 年 8 月 1 日 〜 10 年 7 月 31 日	100.4
10 年 8 月 1 日 〜 11 年 7 月 31 日	99.5
11 年 8 月 1 日 〜 12 年 7 月 31 日	99.9
12 年 8 月 1 日 〜 13 年 7 月 31 日	99.5
13 年 8 月 1 日 〜 14 年 7 月 31 日	98.9
14 年 8 月 1 日 〜 15 年 7 月 31 日	99.8
15 年 8 月 1 日 〜 16 年 7 月 31 日	100.7
16 年 8 月 1 日 〜 17 年 7 月 31 日	100.6
17 年 8 月 1 日 〜 18 年 7 月 31 日	100.4
18 年 8 月 1 日 〜 19 年 7 月 31 日	100.0
19 年 8 月 1 日 〜 20 年 7 月 31 日	100.2
20 年 8 月 1 日 〜 21 年 7 月 31 日	100.0
21 年 8 月 1 日 〜 22 年 7 月 31 日	100.3
22 年 8 月 1 日 〜 23 年 7 月 31 日	101.7
23 年 8 月 1 日 〜 24 年 7 月 31 日	101.4
24 年 8 月 1 日 〜 25 年 7 月 31 日	101.7
25 年 8 月 1 日 〜 26 年 7 月 31 日	102.3
26 年 8 月 1 日 〜 27 年 7 月 31 日	102.4
27 年 8 月 1 日 〜 28 年 7 月 31 日	101.8
28 年 8 月 1 日 〜 29 年 7 月 31 日	101.4
29 年 8 月 1 日 〜 30 年 7 月 31 日	101.1
30 年 8 月 1 日 〜 元 年 3 月 31 日	100.6
R 元 年 8 月 1 日 〜 2 年 7 月 31 日	100.0
2 年 8 月 1 日 〜 3 年 7 月 31 日	100.0
3 年 8 月 1 日 〜 4 年 7 月 31 日	100.8

（令4.7.29　厚生労働省告示第243号）

関連解釈例規（通達）索引

解釈例規（通達）番号	内　　　　容	頁
12.28基収3450号	組合専従より会社に復帰直後の事故の場合の平均賃金（改正　昭33.2.13基発90号）	68, 174
12.28基収3802号	賃金締切日の変更の場合の算定期間に関するもの	44, 79
12.28基収4197号	３カ月間の私病欠勤の場合の平均賃金に関するもの	69, 112, 157
昭和26年		
3.26基発184号	施行規則４条の平均賃金決定基準に関する解釈例規（昭22.9.13発基17号）の取扱基準（改正　昭33.2.13基発90号）	62, 63, 139
8.18基収3783号	非専従組合員が臨時に組合用務に就いた期間中の平均賃金の算定に関するもの	68, 176
11.1基収169号	褒賞金と基礎賃金との関係に関するもの	48
11.1基収3642号	休業後出勤直後の平均賃金に関するもの	160
12.27基収841号	退職金の取扱いに関するもの	48, 93
12.27基収3857号	私傷病手当を臨時に支払われた賃金としたもの	48
12.27基収4526号	休業直後の事故による平均賃金に関するもの	69
12.27基収5926号	賃金ごとに賃金締切日が異なる場合の取扱いに関するもの	43, 78
12.27基収5942号	長期私病の直後の場合の平均賃金に関するもの	69, 113, 159
昭和27年		
4.21基収1371号	雇い入れ後３カ月に満たない者の平均賃金に関するもの	70, 115, 150
4.21基収1946号	新設会社への転籍は、実質的に労働関係が継続しているとして「雇い入れ」後としなかったもの	54, 106
5.10基収6054号	加療見舞金の取扱いと病気欠勤した日給月給者の平均賃金算定方法に関するもの	48, 92
8.19基発604号	けい肺の場合の平均賃金算定の時期に関するもの	72
昭和28年		
10.2基収3048号	二重雇用関係にある者の平均賃金に関するもの	46
昭和29年		
1.15基発1号	賃金総額が不明の場合の平均賃金の決定に関するもの	67, 148
〃	多額の無協約の実物給与がある場合の平均賃金の決定に関するもの	67, 148
3.31　28基収4240号	平均賃金算定期間中に争議行為期間がある場合に関するもの	68, 111, 176
6.29基発355号	実物給与の評価額の決定基準に関するもの	54, 140
昭和30年		
5.24基収1619号	月給日給制の場合の最低保障に関するもの	71, 116, 153
昭和38年		
10.25基発1282号	昭和38年労働省告示52号の運用について	56, 108, 179
昭和39年		
4.20基発519号	請負給制によって使用される漁業及び林業労働者の平均賃金に関するもの（改正　昭57.4.1基発218号）	164
6.12　36基収2316号	解雇予告手当を算定する場合の算定事由発生日に関するもの	42
11.25基発1305号	じん肺にかかった労働者の平均賃金の算定に関するもの	71

解釈例規（通達）番号	内　　　　容	頁
平成21年		
12.28基発1228第2号	船員法上の船員として船舶所有者に使用される者に係る給付基礎日額の算定の特例に関するもの	19, 181
平成22年		
4.12基監発0412第1号	業務上疾病にかかった労働者の離職時の標準報酬月額等が明らかである場合の平均賃金の算定に関するもの（改正　平25.2.22基監発0222第1号）	72, 168
7.15基発0715第7号	算定期間中に使用者の責めに帰すべき事由によって休業した期間がある場合の平均賃金の算定に関するもの	49
平成24年		
3.30基監発0330第2号	昭和51年基発193号に基づく掘削・発破工の平均賃金の算定に関するもの	171
令和2年		
8.21基発0821第2号	複数事業労働者に係る給付基礎日額の算定について	118, 136
令和3年		
3.18基管発0318第1号・基補発0318第6号・基保発0318第1号	複数事業労働者の休業（補償）等給付に係る部分算定日等の取扱いについて	118, 181

改訂9版 労災保険 給付基礎日額の手引

昭和53年10月1日　初版発行
令和5年3月1日　改訂9版発行

編　者　労働調査会
発行人　藤澤直明
発行所　労働調査会

〒170-0004 東京都豊島区北大塚2-4-5
TEL　03（3915）6401
FAX　03（3918）8618
https://www.chosakai.co.jp/

ISBN978-4-86319-969-9 C2030